Claudius Sittig

Arbeitstechniken Germanistik

Klett Lerntraining

Bibliografische Information der Deutschen Nationalbibliothek
Die Deutsche Nationalbibliothek verzeichnet diese Publikation in der
Deutschen Nationalbibliografie; detaillierte bibliografische Daten sind im
Internet über http://dnb.dnb.de abrufbar.

7. Auflage 2021

© PONS GmbH, Stöckachstraße 11, 70190 Stuttgart 2013. Alle Rechte vorbehalten.
www.klett-lerntraining.de; kundenservice@klett-lerntraining.de
Satz: Kassler Grafik-Design, Leipzig
Druck: Plump Druck & Medien GmbH, Rheinbreitbach
Printed in Germany
ISBN 978-3-12-939015-3

Inhalt

4

In diesem Buch geht es um die Arbeitstechniken im germanistischen Studium. Im Zentrum steht die Neuere deutsche Literaturwissenschaft, weil fast alle Studentinnen und Studenten dieses Teilfach belegen. Die wissenschaftlichen Arbeitstechniken, die sich hier vorführen lassen, sind aber auch für die anderen beiden Teilfächer, die Linguistik und die Mediävistik, fundamental. Um Ihnen einen möglichst präzisen Leitfaden an die Hand geben zu können, habe ich versucht, klare Fragen zu stellen: Wie schreibt man eine gute Hausarbeit? Wie hält man ein gutes Referat? Wie findet man die wichtige Forschungsliteratur? Was ist eine gute Textausgabe? Wie liest man einen wissenschaftlichen Text? – Und ich habe versucht, ebenso klare Antworten auf diese Fragen zu geben.

Wenn ich an die Leserinnen und Leser dieses Buches gedacht habe, hatte ich vor allem Studienanfängerinnen und -anfänger vor Augen. Darum das Bemühen, möglichst verständlich zu formulieren: Niemand, der das Studium beginnt, beherrscht die Wissenschaftssprache der Germanistik bereits. Und weil das Buch nicht nur leicht verständlich, sondern wirklich nützlich sein soll, sind die Antworten auf die Fragen so oft wie möglich ausdrücklich als Ratschläge formuliert. Man kann häufig ziemlich genau sagen, welche Arbeitstechniken im germanistischen Studium erfolgversprechend sind. Weil zu viele gute Ratschläge eher verwirren, wird außerdem gewichtet: Es gibt Informationen, die nur in selteneren Fällen nützlich sind, und es gibt Informationen und Tipps, die wirklich im Studienalltag helfen. Im Interesse der Übersichtlichkeit werden vor allem diese Ratschläge für die alltägliche wissenschaftliche Arbeit vorgestellt.

Dabei wird nicht nur beschrieben, welche Hilfsmittel und Arbeitstechniken es gibt, sondern immer auch versucht, möglichst präzise zu sagen, wozu genau sie nützlich sind. Darum gibt es zu jedem Abschnitt eine Einführung, die Ihnen verdeutlichen soll, warum man bei anstehenden Problemen auf eine bestimmte Art und Weise vorgehen sollte (etwa wenn man eine Hausarbeit schreibt) und bei welchen Aufgaben ein Hilfsmittel überhaupt brauchbar ist. Hoffentlich erkennen Sie hier möglichst oft Probleme und Fragestellungen wieder, mit denen Sie sich gerade selbst beschäftigen, so dass Sie Lust bekommen, die vorgestellten Hilfsmittel zu benutzen und die praktischen Tipps umzusetzen.

Weil sich die Nützlichkeit vieler Hilfsmittel und Arbeitstechniken erst in konkreten Situationen erweist, werden so oft wie möglich kurze Beispiele für ihre Anwendung gegeben. Es sind Beispiele für Problemlösungen, die sich in einem oder zwei Absätzen vorstellen lassen. Die meisten von ihnen beziehen sich auf ‚kanonische' Texte (z.B. GOETHES *Faust, Werther* etc.). Sie sollen nicht nur die Brauchbarkeit der Ratschläge illustrieren, sondern auch zeigen, dass es in diesem Buch nicht um seltene Fälle oder eine Kunst für Spezialisten geht, sondern dass man den Problemen und Fragen im germanistischen Studium auf Schritt und Tritt begegnet – und dass es bewährte Lösungen für diese Probleme gibt.

> **Der wichtigste Tipp: Informieren Sie sich vor Ort!**
> *Sie werden über dieses Buch verteilt immer wieder praktische Tipps in Kästen finden. – Gleich zu Beginn der wichtigste Tipp des gesamten Buches: Informieren Sie sich vor Ort! Besuchen Sie so bald wie möglich die Orientierungsveranstaltungen an Ihrer Universität, nehmen Sie an Einführungswochen teil, machen Sie eine Führung durch Ihre Bibliothek, nehmen Sie die Angebote der Studienberatung wahr. Sie erhalten dort Informationen, die genau auf die Verhältnisse an Ihrer Hochschule zugeschnitten sind.*

Ein letztes noch zuvor: Mein Dank geht an Anke Detken, Ruth Ebach, Joachim Eberhardt, Manuel Junge, Carina Krause, Friederike Krippner, Gerhard Lauer, Manfred Ott, Walter Sittig, Jan Standke, Diana Stört, Anneke Thiel und Tilman Venzl, die auf vielerlei Weisen zum Entstehen dieses Buches beigetragen haben. Ein kollektiver Dank geht außerdem an die Teilnehmerinnen und Teilnehmer meiner Seminare in Göttingen, Freiburg und Osnabrück, die immer wieder frühe Vorstufen dieses Buches gelesen haben.

Claudius Sittig
September 2008

Für die fünfte Auflage der „Arbeitstechniken Germanistik" konnten wieder einige Fehler korrigiert und die bibliographischen Angaben aktualisiert werden – mit Dank an alle, die entsprechende Hinweise gegeben haben. Korrekturen und Wünsche sind für zukünftige Auflagen immer herzlich willkommen.

Claudius Sittig
September 2019

Studieren

Wenn Sie beginnen, Germanistik zu studieren, werden Sie feststellen, dass das akademische Leben an der Universität nach eigenen Regeln funktioniert, die Ihnen am Anfang vermutlich fremd erscheinen. Ihr Sinn wird erst verständlich, wenn man ein paar grundlegende Dinge über Wissenschaft und über die Universität weiß. Dann versteht man auch den Nutzen einiger Arbeitstechniken besser, die in diesem Buch vorgestellt werden. – Darum erfahren Sie im folgenden Kapitel in aller Kürze

1. etwas über *Wissenschaft* und *Forschung* allgemein und den wissenschaftlichen Umgang mit Sprache und Literatur im Speziellen,
2. etwas über die akademische *Lehre*, das heißt vor allem über die universitäre Veranstaltungsform des Seminars. Und wenn Sie danach wissen, was Sie an der Universität lernen können und wie dieses Lernen organisiert ist, dann sollen Sie anschließend auch erfahren,
3. wo Sie die nötigen Informationen für Ihr Studium finden: in der wissenschaftlichen *Bibliothek* Ihrer Universität. Es gibt kaum einen wichtigeren Ort für Ihr Studium, und Sie sollten wissen, wie Sie die Möglichkeiten am besten nutzen, die Ihnen dort geboten werden.

Wenn Sie sich entscheiden, Germanistik zu studieren, gibt es verschiedene Gründe, die für Ihre Wahl verantwortlich sein könnten: Vielleicht haben Sie das Fach gewählt, weil Sie gerne lesen oder ins Theater gehen. Vielleicht haben Sie die Erfahrung gemacht, dass Sie gerne selber Texte schreiben, literarische oder journalistische. Möglicherweise haben Sie ein konkretes Ziel oder sogar ein Berufsbild vor Augen, wollen Lehrerin oder Lehrer werden, Journalistin oder Journalist, am Theater, im Verlag, in einer Bibliothek oder im Kulturmanagement arbeiten. – Das sind sicher die häufigsten Gründe, warum man beginnt, Germanistik zu studieren, und es sind allesamt gute Gründe: Ein Studium an der Universität eröffnet Ihnen viele Möglichkeiten, sich anschließend erfolgreich auf allen diesen Berufsfeldern zu bewegen. Sie sind also am richtigen Ort.

Allerdings wird vermutlich vieles im germanistischen Studium anders aussehen, als Sie es erwartet haben: So steht zum Beispiel das ästhetische Vergnügen, das Sie vielleicht beim Umgang mit Sprache und Literatur erfahren haben, nicht im Mittelpunkt des Studiums.

Sie erhalten auch keine gezielte Ausbildung für bestimmte Berufe, jedenfalls nicht in erster Linie. Ein Studium der Germanistik vermittelt Ihnen sehr wohl ein breites Wissen und eine ganze Reihe von wichtigen Kompetenzen, aber für das Lehramt oder die Arbeit in der Bibliothek müssen Sie nach dem Studium immer noch ein Referendariat absolvieren, für die Ausbildung zur Journalistin bzw. zum Journalisten oder zur Vorbereitung auf die Arbeit am Theater gibt es eigene Schulen, und Sie müssen sich auch hier oft noch um Praktika, Volontariate, Hospitanzen oder Assistenzen bemühen, um sich für den Beruf zu qualifizieren (nach Möglichkeit tun Sie das schon während Ihres Studiums).

Wenn es im Studium also nicht in erster Linie um ästhetisches Vergnügen oder um die Ausbildung für einen konkreten Beruf geht – worum geht es dann? Die Antwort ist kurz und einfach. Im Zentrum steht ein besonderes Wissen über Sprache und Literatur: ein *wissenschaftliches* Wissen. – Auf die Frage, was Wissenschaftlichkeit bedeutet, gibt es zwei Antworten, die eng zusammenhängen: Man kann Wissenschaft bestimmen, indem man entweder etwas über die Qualität des Wissens sagt, oder indem man betrachtet, wie dieses Wissen hergestellt und verbreitet wird. Denn ‚Wissenschaft' ist nicht nur Theorie, sondern auch eine Praxis. Sie zeichnet sich durch spezielle Methoden und Analyseverfahren aus, durch charakteristische Kommunikationsformen und durch spezifische Arbeitstechniken. Ein Buch über die Arbeitstechniken der Germanistik ist also ein Buch über die Praxis der Wissenschaft. Darum wird es zum Verständnis hilfreich sein, wenn Sie zu Beginn einen kurzen Eindruck davon bekommen, was ‚Wissenschaft' ist, sowohl abstrakt als auch konkret an einem Beispiel.

Eine knappe und sehr allgemeine Bestimmung, die vom Begriff des Wissens ausgeht, könnte etwa so lauten: Im Zentrum von Wissenschaft steht ein Wissen, das strenge Kriterien erfüllen muss, um als Wissen gelten zu können. Es erhebt den Anspruch auf Allgemeingültigkeit. Darum müssen wissenschaftliche Aussagen rational begründet und nachvollziehbar sein. Anders formuliert: Wissenschaftliche Aussagen müssen grundsätzlich überprüfbar sein, und sie sollten im Idealfall jeder tatsächlichen Überprüfung standhalten.

Was eine solche wissenschaftliche Perspektive auf Literatur im Gegensatz zu anderen Zugängen charakterisiert, lässt sich am einfachsten mit Blick auf einen konkreten Text verdeutlichen. Andere

Zugänge zu Literatur sind zuvor schnell genannt. Man liest zum Vergnügen, ist gebannt, ergriffen oder bewegt von Texten, sympathisiert mit den auftretenden Figuren oder findet sie unerträglich und so fort: Literatur kann Leserinnen und Leser mitunter zu heftigen emotionalen Reaktionen bewegen. An diesem Punkt, der denkbar weit von einem wissenschaftlichen Zugang entfernt ist, kann man exemplarisch ansetzen und zeigen, wie sich eine Gefühlsregung wissenschaftlich fassen lässt.

GOTTHOLD EPHRAIM LESSINGS (1729–1781) Drama *Miss Sara Sampson* ist ein gutes Beispiel dafür. Es geht darin – kurz gesagt – um die tragische Geschichte Saras, einer jungen Frau, die mit ihrem Geliebten Mellefont aus ihrem Elternhaus geflohen ist, um ihn heiraten zu können. Das Paar wird von Saras besorgtem Vater verfolgt, der sie wieder zu sich heimholen will, und außerdem auch von der ehemaligen Geliebten Mellefonts, die diesen zurückgewinnen will. Im Verlauf des Dramas sieht es in manchen Momenten so aus, als könnten die Konflikte vielleicht gelöst werden, aber am Ende liegt Sara tot auf der Bühne, vergiftet von Mellefonts ehemaliger Geliebten. Mellefont selbst liegt ebenfalls sterbend daneben: Er hat sich aus Scham einen Dolch ins Herz gerammt, weil er sich nicht bedingungslos für Sara entscheiden konnte und sich an ihrem Tod schuldig fühlt. Die tugendhafte Sara hat ihm, als sie im Sterben lag, überdies verboten, ihren Tod wenigstens an der intriganten Geliebten zu rächen. Und als sich schließlich auch noch Saras Vater weigert, Mellefont dafür zu verfluchen, dass er seine Tochter ins Unglück gestürzt hat, und stattdessen Saras letztem Wunsch entspricht und ihn als neuen Sohn annehmen will, sieht Mellefont, weil er sich selbst nicht verzeihen kann, den Selbstmord als letzten Ausweg. Erst als er im Sterben liegt, bittet er den alten Sampson doch noch um Vergebung. Und dieser gewährt sie ihm, mehr noch: ebenfalls auf Saras Wunsch will er die Tochter aus Mellefonts alter Beziehung als eigene Tochter annehmen. – So viel tugendhafte Menschlichkeit zum Schluss ist für manchen vielleicht zu viel des Guten, aber das Leid der Figuren kann doch auch anrührend sein, zumal niemand ausschließlich böse oder gut zu sein scheint, sondern alle Figuren komplexe Charaktere sind, beherrscht von unterschiedlichen Leidenschaften, die sie nicht im Griff haben, und beständig hin- und hergerissen zwischen den Polen von Tugend, Vernunft und Gefühl. So lautet etwa am Ende des Dramas das abschließende Urteil des Vaters über Mellefont: „Er stirbt! Ach, er war mehr unglücklich, als lasterhaft. – –"

Um einen Aspekt herauszugreifen, an dem man beispielhaft den Unterschied zwischen einem unwissenschaftlichen und einem wissenschaftlichen Zugang zu Literatur verdeutlichen kann: Wenn jemand nach der Lektüre des Stücks oder nach einem Theaterbesuch sagen würde, das unglückliche Schicksal des jungen Paars und die Großherzigkeit des Vaters hätten ihn oder sie zu Tränen gerührt – dann hätte das mit Wissenschaft natürlich noch nichts zu tun. Möglicherweise wäre damit nur etwas über seinen oder ihren Gemütszustand gesagt. Die Reaktion erscheint vielleicht nur als spontane Regung, deren Gründe allein im Betrachter oder der Betrachterin liegen. Und so wäre sie natürlich kaum jemandem wirklich erklärungsbedürftig (außer denjenigen, die sie erlebt haben). – Aber wie wäre es, wenn nicht nur eine einzelne Person in Tränen ausgebrochen wäre, sondern die Zuschauerinnen und Zuschauer im Theater reihenweise? Dann könnte man sich durchaus über die Gründe Gedanken machen. Man könnte versuchen, das Phänomen der Rührung mit Blick auf Lessings Drama wissenschaftlich zu fassen.

Dafür gibt es verschiedene Ansatzpunkte: Man könnte etwa mit der grundsätzlichen Frage beginnen, warum Literatur überhaupt das Potenzial besitzt, zu Tränen zu rühren. Schließlich stirbt niemand wirklich auf der Bühne, und eine Sara Sampson hat es auch niemals gegeben. Und doch können Zuschauerinnen und Zuschauer das dargestellte Leid spontan mitfühlen, und sie setzen sich diesen schmerzlichen Gefühlen sogar freiwillig aus. Um diesen Vorgang zu verstehen, könnte man sehr verschiedene Wege gehen.

(a) Man kann etwa überlegen, ob neurobiologische Strukturen des menschlichen Gehirns dafür verantwortlich sein könnten, dass die dargestellten Gefühle auch für die Betrachterin oder den Betrachter spürbar werden.

(b) Oder man könnte philosophische und ästhetische Texte seit der Antike heranziehen, in denen diskutiert wird, auf welche Weise und zu welchem Zweck im Theaterzuschauer Gefühle und Leidenschaften hervorgerufen werden sollten.

(c) Lessing selbst hat zum Beispiel eine Theorie des ‚Mitleids‘ entworfen. Die Fähigkeit der Zuschauerinnen und Zuschauer, Mitleid zu empfinden, sollte geschult werden, damit sie moralisch tugendhafter und menschenfreundlicher werden. In diesem Zusammenhang lautet eine von Lessings berühmten Formulierungen: „Der mitleidigste Mensch ist der beste Mensch.“

(d) Im Anschluss an solche Überlegungen zur Funktion der dargestellten und hervorgerufenen Gefühle könnte man fragen, ob es Texte und Stücke gibt, die stärker emotional wirken als andere, und überlegen, welche Gründe es dafür gibt. Man müsste nach den Reaktionen auch den Text und die Aufführung möglichst exakt beschreiben und die charakteristischen Eigenschaften identifizieren.

(e) Im Fall von LESSINGS Drama kann man zum Beispiel eine kalkulierte Dramaturgie der vorgeführten Affekte beobachten: Sie werden im Lauf des Dramas immer intensiver.

(f) Man kann auch auf die Sprache der Figuren blicken und würde entdecken, wie sehr sie die eigenen Gefühle zur Schau stellen und ihr Leid wortreich vor dem Publikum ausbreiten. Sie reden nicht nur darüber, sondern die Gefühle sind auch in körperlichen Zeichen sichtbar: Die Figuren – so sagt es der Dramentext – schluchzen, beben und vergießen Ströme von Tränen.

(g) Man könnte historisch argumentieren, dass diese sprachlichen und körperlichen Zeichen aus einem Repertoire von Schmerzensäußerungen stammen, das sich über die Zeiten verändert hat. Und man müsste konstatieren, dass diese alten Zeichen heute offenbar nicht mehr dieselbe Wirkung entfalten wie vor über 250 Jahren, als Lessings Drama zum ersten Mal aufgeführt wurde.

(h) Das liegt zum Teil natürlich auch daran, dass heute nicht mehr die Normen und Konventionen gelten, mit denen die Figuren des Dramas in Konflikt geraten, aber auch daran, dass sich die dramatischen Darstellungskonventionen für Gefühle geändert haben. So ist zum Beispiel die Interjektion „Ach!" als Äußerung des Schmerzes und der Betroffenheit in LESSINGS Drama über 70 Mal zu hören – sie wird aber heute sicher nicht mehr als authentischer Gefühlsausdruck verstanden. Das heißt: Es ist unwahrscheinlich, dass die heutigen Zuschauer bei LESSINGS Drama weinen so wie das Publikum zur Zeit seiner Entstehung, als die Tränen in Strömen flossen.

(i) Die heftige Reaktion des damaligen Publikums hat außerdem noch einen weiteren historischen Grund: Ein „bürgerliches Trauerspiel" hat LESSING sein Drama im Untertitel genannt und damit den Beginn einer neuen erfolgreichen Gattung in Deutschland markiert. Im bürgerlichen Trauerspiel wird die ältere Tradition der Tragödie neu akzentuiert. Hier stehen nicht mehr große exemplarische Helden aus der Geschichte oder Mythologie auf der Bühne, und dargestellt werden nicht mehr große politische Entscheidungssituationen – stattdessen geht es um private, oft familiäre Probleme, und das dramatische Personal stammt nicht mehr aus den höchsten sozialen Schichten, sondern aus dem niederen Adel und dem Bürgertum. Im Verlauf der vorgeführten Konflikte wird eine ständeübergreifende, allgemeine (und in diesem Sinne ‚bürgerliche') Ethik des menschlichen Mitgefühls sichtbar, und darum war LESSINGS Drama ein vollkommen neues und ungewohntes Identifikationsangebot, das bei seinem Publikum besonders große Resonanz gefunden hat.

Diese exemplarischen knappen Überlegungen setzen alle ausschließlich bei der Frage nach der Wirkung von Literatur an. Natürlich sind daneben noch viele andere Perspektiven und Fragen denkbar. Aber beispielhaft dürfte eines doch deutlich geworden sein: Es ist ein großer Unterschied, ob man Rührung unmittelbar empfindet oder ‚Rührung' distanziert beobachtet und versucht, auf reflektierte Weise darüber zu sprechen. In diesem Unterschied liegt das Wesen von Wissenschaft, denn sie zielt auf die Objektivität oder Intersubjektivität von Aussagen. Es geht um die genaue Beobachtung der Wirkungen von Literatur, um eine präzise Beschreibung der Strukturen von Texten; um die Identifikation von literarischen Traditionen und politischen und sozialen Kontexten, in denen Literatur entsteht und bestimmte Funktionen erfüllt; und um vieles mehr. – Zur wissenschaftlichen Arbeit braucht man darum durchdachte und klar formulierte theoretische Fragen, angemessene Methoden, um sie beantworten zu können, sowie eine präzise Fachsprache.

Die Fachsprache ist wesentliches Werkzeug der Objektivität. Das lässt sich wieder knapp andeuten: So hat man zum Beispiel in der Lyrikanalyse den Begriff des ‚Lyrischen Ichs' eingeführt, weil man nicht davon ausgehen kann, dass jedes Gedicht, in dem das Personalpronomen ‚ich' vorkommt, automatisch so zu lesen ist, als spreche hier der Autor oder die Autorin persönlich. Ähnliches gilt auch in der Erzähltextanalyse: Hier spricht man von einer Erzählerin oder einem Erzähler, oder besser noch von einer Erzählinstanz, deren Eigenschaften sich präzise benennen lassen, wenn man auf ihre Stellung zur erzählten Welt blickt, auf den Umgang mit Zeitstrukturen, auf mögliche Einschränkungen der Perspektive und viele andere Dinge mehr. Es gibt zur Beschreibung solcher Erzählsituationen inzwischen ein eigenes differenziertes Fachvokabular der Erzählforschung oder ‚Narratologie'.

Das wissenschaftliche Arbeiten ist ein Prozess in verschiedenen Schritten: Erkenntnisse werden nicht nur methodisch produziert, sondern sie müssen anschließend auch veröffentlicht, diskutiert und archiviert werden. Die Veröffentlichung und Diskussion folgt dabei, ganz wie die Herstellung von Wissen, ebenfalls eigenen Regeln: Weil wissenschaftliche Aussagen Allgemeingültigkeit beanspruchen, reicht es nicht aus, nur die Ergebnisse der Forschung mitzuteilen, sondern man muss auch erklären, auf welchem Weg diese Ergebnisse zustande gekommen sind. Wenn man auf Zustimmung hofft, muss man auch nachvollziehbar sprechen bzw. schreiben. Gefordert ist darum eine lückenlose Begründung, das heißt, alle Argumentationsschritte müssen explizit ausformuliert und alle nötigen Belege vorgeführt werden. Diese Belege müssen überprüfbar sein, darum gibt man in Fußnoten an, woher sie stammen. – Und mehr noch: Ein wissenschaftlicher Aufsatz ist immer auch ein Beitrag zu einer Forschungsdiskussion. Es geht darin um den Stand des gemeinsamen Wissens. Wer an der Diskussion teilnehmen will, sollte darum entsprechend informiert sein und das bisherige Wissen kennen. Vor diesem Hintergrund ist jede Aussage zu verstehen. Im Idealfall formuliert sie etwas Neues im Vergleich zum bereits Bekannten, sie erweitert das bisherige Wissen um mehr oder weniger große neue inhaltliche oder methodische Erkenntnisse. Jede Aussage schließt darum an vorhandenes Wissen an, sie kann geltende Meinungen bestätigen, präzisieren, aber auch korrigieren oder mit besseren Argumenten komplett verwerfen.

Die Forderung, sich zu den Aussagen anderer Forscherinnen und Forscher zu positionieren, zeigt schon, dass wissenschaftliche Kommunikation kein Monolog ist, sondern ein dauernder Dialog. Es gibt darum auch identifizierbare Dialogpartner, ein Publikum, das immer wieder am Diskussionsprozess teilnimmt: die kompetente Fachöffentlichkeit, die alle präsentierten Forschungsergebnisse kritisch nach den Maßstäben der Wissenschaft überprüft und diskutiert. Diese kritische Überprüfung und Diskussion gehören wesentlich zur wissenschaftlichen Kommunikation dazu.

Im vorangegangenen Abschnitt haben Sie einen Eindruck davon bekommen, was die Erkenntnisperspektive eines germanistischen Studiums ausmacht: Es geht um ein besonderes Wissen über Sprache und Literatur und um die wissenschaftlichen Forschungsmethoden, mit deren Hilfe man zu solchem Wissen kommt. An der Universität herrscht aber nicht nur eine besondere Einstellung zum Wissen, sondern es gibt auch eine eigene Form der akademischen Lehre. Diese Form hängt zum einen eng mit diesem wissenschaftlichen Begriff des Wissens zusammen. Sie folgt zum anderen aber auch aus einer bestimmten Vorstellung von der Universität als einer idealen Institution universaler Bildung. Das Ideal ist vor ungefähr 200 Jahren zum ersten Mal formuliert worden, und ebenso lang liegen die ersten Versuche zurück, die Universität zu einem Ort zu machen, an dem universale Bildung stattfindet. Die konkreten Bedingungen haben sich im Lauf der Geschichte vielfach verändert, aber das alte Ideal wirkt noch immer fort. Darum gilt: Wenn Sie dieses Ideal kennen, haben Sie auch eine bessere Vorstellung davon, was in den Lehrveranstaltungen und Prüfungen von Ihnen erwartet wird. Es geht im Folgenden also um Ihre Rolle an der Universität.

Wer an die Universität kommt, hat bereits Erfahrungen mit dem Lernen und der Rolle als Schülerin oder Schüler. Man kennt die Organisation des Unterrichts durch einen Stundenplan, die geordnete Präsentation eines festgelegten Stoffs, die Unterrichtsmaterialien und Lehrbücher, man kennt die Rolle der Lehrerin oder des Lehrers, die den Stoff vermitteln und über regelmäßige Leistungskontrollen den Kenntnisstand ermitteln und die Leistung benoten. Wer dagegen an die Universität kommt, lernt einen Lehrbetrieb kennen, der sich von der Schule grundlegend unterscheidet. Der Unterschied lässt sich leicht auf einen Begriff bringen: Sie müssen sehr viel selbstständiger arbeiten als in der Schule. Sie haben sehr viel mehr Wahlmöglichkeiten und Freiheiten.

Diese Freiheiten waren noch bis vor wenigen Jahren erheblich größer. Es ist sinnvoll, auf den Unterschied kurz hinzuweisen, weil sich mit der Einführung der Bachelor- und Masterstudiengänge vor wenigen Jahren zwar die Studienbedingungen geändert haben, die Universität aber gleichzeitig an dem alten Bildungsanspruch festgehalten hat, für den die größeren Freiheiten nötig waren.

Heute sind die Studienzeiten strenger geregelt; früher konnte man grundsätzlich so lange studieren, wie man wollte. Heute müssen Sie in der Regel in allen Lehrveranstaltungen eine Leistung erbringen, die bereits in die Endnote eingeht; früher musste man während des Studiums nur wenige benotete Scheine erwerben, im Hauptstudium für das Lehramt an vielen Universitäten zum Beispiel nur drei Scheine aus den Bereichen der Neueren deutschen Literaturwissenschaft, der Mediävistik und der Linguistik, die alle aber nicht für die Abschlussnote zählten, sondern am Ende stand eine einzige große Abschlussprüfung. Man könnte leicht weitere Unterschiede nennen, aber das Wesentliche ist deutlich: Die alte Ordnung erlaubte während des Studiums sehr viel größere Spielräume. Das war kein Zufall, denn es entsprach einer Idealvorstellung, nach der die Universität ein Ort der akademischen Freiheit und der umfassenden Bildung sein sollte, an dem die Lehrenden und Studierenden vollkommen selbstbestimmt nach der wissenschaftlichen Wahrheit forschen sollten. Darum ließ man den Studierenden so viele Freiheiten wie möglich. Dahinter stand auch die Erwartung, dass die Ausbildung zur Selbstständigkeit nach dem Besuch des Gymnasiums bereits abgeschlossen ist. Wer die Hochschulreife erlangt hat, ist kompetent zum Studium und kann den Freiraum zur Selbstbildung nutzen, den ihm die Universität bietet. – Auch wenn sich die Studienbedingungen geändert haben: Dieser Anspruch gilt noch immer, zum Beispiel in der Veranstaltungsform des Seminars.

Das Seminar ist eine Form der akademischen Lehre, die entwickelt wurde, um diese ideale Freiheit zu ermöglichen. Sie entstand im Zuge der großen Universitätsreform vor etwa 200 Jahren, die mit dem Namen WILHELM VON HUMBOLDT (1767–1835) verbunden ist, zeitgleich mit der Formulierung eines modernen Verständnisses von Wissenschaft und Bildung. Davor hatte das akademische Leben an der Universität anders ausgesehen: Noch bis in das 18. Jahrhundert war der Universitätsunterricht nicht für die Diskussion des vermittelten Wissens angelegt. Es ging stattdessen im Wesentlichen um das Sammeln, Systematisieren und Auswendiglernen. In der neuen akademischen Veranstaltungsform des Seminars stand dagegen nicht mehr Belehrung in diesem alten Sinn im Mittelpunkt, sondern eher Anleitung der Studierenden durch die Seminarleiterin oder den Seminarleiter. Wissen wird im Seminar also nicht in seiner endgültigen Form präsentiert, sondern hier wird die Produktion von Erkenntnis geübt, das Wissen wird jeweils neu aktualisiert. Man lernt an exemplarischen Problemen, mit den Methoden der

Forschung zu arbeiten. Darum steht am Ende eines Seminars als Ergebnis auch nicht nur ein Sachwissen, sondern der wichtigste Gewinn ist eine größere Erfahrung in der Produktion und kritischen Diskussion dieses Wissens. Das ist gemeint, wenn von der Einheit von Forschung und Lehre die Rede ist. Dieser hohe Anspruch an die universitäre Lehre gilt inhaltlich nach wie vor, aber die formalen Bedingungen haben sich mit der Umstellung der Studiengänge auf die Abschlüsse Bachelor und Master grundlegend geändert: Sie können bei dem geringerem Zeitbudget, das Ihnen in den neuen Studiengängen zur Verfügung steht, nur dann von den eröffneten Freiräumen an der Universität profitieren, wenn Sie effizient arbeiten. – Das vorliegende Buch soll Ihnen dabei helfen.

Zeit gewinnen
Wenn Sie die akademische Freiheit genießen wollen, die Ihnen die Universität eröffnet, müssen Sie Ihr Studium so anlegen, dass Sie möglichst viele Freiräume gewinnen. Machen Sie darum einen konkreten Studienplan. Dabei kann Ihnen dieses Buch allerdings nicht direkt helfen: Nutzen Sie vielmehr die Beratungsangebote an Ihrem Fachbereich, besuchen Sie die Einführungsveranstaltungen, in denen Sie einen Überblick bekommen. Es lohnt sich auch, bei der Fachschaft nachzufragen. Hier bekommen Sie oft Auskunft von anderen Studierenden, die praktische Erfahrungen mit der Organisation des eigenen Studiums gemacht haben.

Nach all dem Gesagten gilt natürlich: Man lernt an der Universität in den Lehrveranstaltungen, also in den Seminardiskussionen oder beim Hören von Vorlesungen. Aber es gibt noch einen weiteren wichtigen Ort für Ihr Studium, fast wichtiger noch als alle anderen: die Bibliothek. – Im Folgenden sollen Sie einen Eindruck davon bekommen, was Sie in einer wissenschaftlichen Bibliothek finden können und wie Sie die Bibliothek am besten benutzen, damit Sie auch finden, was Sie suchen.

Im germanistischen Studium geht es um Texte in allen Variationen, meistens in gedruckter Form: um sprachliche Dokumente, literarische Texte und um Forschungsbeiträge, in denen das Wissen über die deutsche Sprache und Literatur veröffentlicht wird. Der Ort, wo Sie all das finden, ist Ihre Universitätsbibliothek. Sie hat den Auftrag, alle Angehörigen der Universität (Studierende wie Dozentinnen und Dozenten) mit Literatur zu versorgen. Zu diesem Zweck sammelt sie alle Publikationen, die für die wissenschaftliche Arbeit relevant sein können. Der Fokus dieser Sammlung liegt auf den Fächern, die an der Universität vertreten sind, aber grundsätzlich ist die Sammlung auch auf wichtige Werke aus anderen Wissensbereichen und Disziplinen ausgedehnt. Daraus folgt, einfach gesagt: Es geht hier um viele Bücher. – Um Ihnen eine Vorstellung von der Größenordnung zu geben: Der Buchbestand einer durchschnittlichen Universitätsbibliothek in Deutschland umfasst leicht über zwei Millionen Bände. Als Studentin oder Student an einer Universität haben Sie also Zugang zu einem riesigen ‚Wissensspeicher‘.

Die zentrale Rolle der Bibliothek gilt übrigens auch für Informationen aus dem Internet. Das Fachwissen der Germanistik wird zwar nach wie vor hauptsächlich in gedruckten Büchern und Zeitschriften publiziert, aber das Internet wird als Informationsquelle immer wichtiger. Es gibt auch hier immer mehr wissenschaftliche Datenbanken und Anbieter von Zeitschriften, die man online im Volltext lesen kann. Es gibt zum Beispiel eine Internet-Datenbank, in der Sie auf über einer Million digitalisierten Buchseiten einen repräsentativen Querschnitt der deutschen Literatur im 18. Jahrhundert im Volltext lesen und durchsuchen können (*Deutsche Literatur des 18. Jahrhunderts online*), und auf der Internetseite www.jstor.org sind fast vier Millionen Aufsätze aus über 750 wissenschaftlichen Zeitschriften des gesamten Fächerspektrums abrufbar. Solche Fachdatenbanken und Online-Zeitschriften sind überaus nützlich (ausführliche Informationen dazu im Kapitel 4), und der Zugang zu solchen Angeboten kostet natürlich Geld. Je nach Finanzlage kann die Bibliothek die Zugangsrechte zu bestimmten Angeboten für alle Universitätsangehörigen kaufen. Und so ist sie nicht nur der Ort, an dem Bücher im Magazin lagern, sondern sie ist zugleich auch ein Ort, an dem Sie Zugang zu wertvollen Informationen über das Internet bekommen. Auch in dieser Hinsicht gilt also: Sie haben Zugang zu einem riesigen ‚Wissensspeicher‘, der beständig anwächst.

Die Bibliothek ist aber noch mehr: Sie ist nicht nur ein Magazin oder Informationsportal, sondern auch ein realer Ort zum Lesen und zum Lernen. Manche Bücher kann man ausleihen und zu Hause lesen, andere kann man nur vor Ort benutzen. Es gibt darum eigene Lesesäle, in denen man diese Bücher, die zum ‚Präsenzbestand‘ gehören, lesen kann. Hier stehen auch die wichtigsten

Nachschlagewerke und eine Auswahl der fachlichen Standardwerke, damit man keine weiten Wege gehen muss und Fragen
schnell beantworten kann, wenn sie auftreten. – Die Bibliothek ist
darüber hinaus noch in anderen Hinsichten ein Arbeitsraum: Sie
bietet den Nutzerinnen und Nutzern zum Beispiel Computer-
arbeitsplätze für den Zugang zum Internet, inzwischen oft auch
über WLAN. Und wer eine Abschlussarbeit schreibt, kann in der
Bibliothek oft einen eigenen festen Arbeitsplatz bekommen. – Die
Bibliothek ist also ein wichtiger Arbeitsraum, und es gibt für das
Verhalten hier zwei wichtige Grundsätze:
1. Wenn man sich in den Räumen der Bibliothek bewegt, sollte man
   die Konzentration der anderen Benutzerinnen und Benutzer nicht
   stören – das heißt: leise sein.
2. Und wenn man die Bücher benutzt, sollte man sie gut behandeln – das heißt auf jeden Fall: nichts anstreichen (wenn Sie einen
   Text intensiv bearbeiten und anstreichen wollen, sollten Sie in
   der Bibliothek eine Kopie davon machen oder das Buch selbst
   kaufen).

Arbeitsplätze in der Bibliothek
Viele Universitätsbibliotheken bieten Studierenden, die eine Abschlussarbeit
schreiben, besondere Arbeitsmöglichkeiten: Im besten Fall gibt es eigene Räu-
me, in denen die Arbeitsmaterialien über eine längere Zeit benutzt werden
können und nicht zurückgestellt werden müssen; nützlich sind auch Roll-
wagen, in die man Bücher einschließen kann, oder eigene Schränke. Oft muss
man sie einige Wochen im Voraus reservieren. Manche Bibliotheken erlauben
Examenskandidatinnen und -kandidaten übrigens auch, bei Bedarf mehr
Bücher auszuleihen als andere Studierende. – Fragen Sie also in Ihrer Biblio-
thek, ob solche Möglichkeiten angeboten werden.

Die Bibliothek bietet Ihnen also alles, was Sie brauchen: Informationen im Überfluss und Raum zum Arbeiten. Darum die Frage:
Wie kommen Sie an all die Bücher, Zeitschriften und anderen
Medien? – Das wichtigste Werkzeug dazu ist der Bibliothekskatalog, den Sie meistens über eine Suchmaske im Internet benutzen
können. Wenn Sie erfolgreich suchen wollen, sollten Sie lernen, ihn
kompetent zu benutzen, denn der Katalog gibt Auskunft darüber, ob ein Buch oder eine Zeitschrift in Ihrer Bibliothek vorhanden ist, und er weist Ihnen über ein System von Signaturen den
Weg, damit Sie schließlich in Händen halten können, was Sie ge-
sucht haben. Denn grundsätzlich braucht jede Bibliothek, die solche
Massen von Büchern verwaltet, ein Ordnungssystem, mit dessen

Hilfe man sie auch finden kann. Darum geht jedes Buch, das gekauft wird, durch die Hände der Bibliothekarinnen und Bibliothekare: Es wird im Katalog mit allen Angaben wie Name des Autors, Titel, Erscheinungsort etc. verzeichnet. Außerdem werden dem Eintrag ‚Schlagworte' zugewiesen, die den Inhalt des Buches erschließen, etwa ‚Bürgerliches Trauerspiel'. Das bedeutet für Sie, dass Sie im Katalog nach einem Buch auf viele verschiedene Weisen suchen können: nach dem Namen des Autors, nach dem Titel (oder nach einzelnen Worten aus dem Titel), aber auch nach Schlagworten, also etwa alle Bücher zum Thema, nach einem einzelnen Suchbegriff oder nach mehreren Begriffen in Kombination. Im Katalog finden Sie außerdem die Signatur des Buches, die seinen Standort bezeichnet. Denn die Bücher werden in der Bibliothek oft an unterschiedlichen Orten aufgestellt: im Lesesaal, wo Sie damit arbeiten können; in einer ‚Lehrbuchsammlung', wo mehrere Exemplare von wichtigen Büchern stehen, damit sie von mehreren Studierenden gleichzeitig ausgeliehen werden können; in einem ‚Freihandmagazin', wo Sie das Buch selbst holen können, um es auszuleihen; im geschlossenen Magazin der Universitätsbibliothek, wo Sie das Buch bestellen müssen, damit die Mitarbeiterinnen und Mitarbeiter der Bibliothek es für Sie an einer ‚Leihstelle' deponieren; vielleicht auch in einer eigenen Institutsbibliothek, deren Bücher Sie meistens nicht oder nur kurz ausleihen können. In manchen Bereichen der Bibliothek werden die Bücher systematisch aufgestellt, das heißt nach Fächern und Sachgebieten geordnet (manchmal gibt es eine eigene Bibliothek des germanistischen Instituts, die so verfährt); in anderen Bereichen finden Sie die Bücher einfach in der Reihenfolge aufgestellt, in der sie gekauft worden sind. – Sie sehen: Sie sollten sich über die Struktur Ihrer Bibliothek unbedingt vor Ort informieren.

Einführungen in die Bibliothek

An allen Universitätsbibliotheken gibt es Einführungsveranstaltungen für die Benutzerinnen und Benutzer. Nehmen Sie diese Angebote zu Beginn Ihres Studiums wahr! Sie bekommen dort Informationen über Ihre Bibliothek allgemein und über fachspezifische Recherchemöglichkeiten. Was Sie hier erfahren können, ist für Ihre tägliche Arbeit absolut notwendig (manchmal gibt es z.B. mehrere Kataloge, in denen der Bestand der Bibliothek aufgenommen ist, und Sie finden ein Buch nicht, wenn Sie im falschen Katalog suchen). – Was Sie außerdem wissen sollten: Es gibt in jeder wissenschaftlichen Bibliothek eine Fachreferentin oder einen Fachreferenten, der für die germanistischen Bestände verantwortlich ist. Scheuen Sie sich nicht, sie oder ihn um Rat zu fragen, wenn Sie Informationsbedarf haben oder bei einer schwierigen Recherche Unterstützung benötigen. Sie können auch begründete Anschaffungsvorschläge machen, wenn ein wichtiges Buch, das Sie brauchen, in der Bibliothek fehlt. Dafür gibt es häufig ein Formular auf der Webseite der Universitätsbibliothek.

Lesen

Im germanistischen Studium geht es um Texte: Texte lesen und verstehen, über Texte sprechen, über Texte neue Texte schreiben. – Im folgenden Kapitel steht zunächst die wissenschaftliche Praxis des Lesens im Mittelpunkt: Sie werden schnell merken, dass sie sich von der alltäglichen Lektürepraxis unterscheidet.

Alles fängt damit an, dass es nicht gleichgültig ist, welche Ausgabe eines Textes Sie verwenden.

1. An einigen Beispielen werden Sie sehen, warum Sie sorgfältig auswählen müssen.
2. Anschließend stelle ich Ihnen die drei wichtigsten Typen von Ausgaben vor.
3. Danach erhalten Sie einen kurzen Einblick in das Lesen von Handschriften, um selbst nachvollziehen zu können, wie schwer das Entziffern manchmal ist.
4. Und weil es im Studium immer wieder Gelegenheiten gibt, bei denen man Texte in der alten deutschen Schrift, der Frakturschrift, lesen können muss, bekommen Sie auch hierzu eine kurze Einführung. Ich bin sicher, dass Sie auch solche Texte schnell problemlos lesen können, selbst wenn Sie bisher noch keine Erfahrungen damit gemacht haben.
5. Der letzte Abschnitt dieses Kapitels ist dem Lesen wissenschaftlicher Texte gewidmet, denn auch dafür gibt es eine Reihe von nützlichen Hinweisen.

Auf den ersten Blick ist Lesen sehr einfach: Sie nehmen ein Buch, etwa GOETHES *Faust*, schlagen es auf und fangen an zu lesen. Man macht sich selten bewusst, wie viel von diesem Griff zum Buch abhängt: Beim wissenschaftlichen Umgang mit Literatur müssen Sie sicher gehen, dass Sie den Text, über den Sie eine Aussage machen wollen, auch vor sich haben. Die Gestalt des Textes kann aber von Ausgabe zu Ausgabe variieren, abhängig von den Entscheidungen der Herausgeberin oder des Herausgebers. Manchmal wählen sie verschiedene Fassungen, manchmal greifen sie in den Text ein. Außerdem variieren, je nach Ausgabe, die Qualität und der Umfang der zusätzlichen Informationen.

Bevor ich Ihnen unten die drei wichtigsten Typen von Ausgaben vorstelle und sage, wie man eine zuverlässige und ‚zitierfähige' Ausgabe findet, will ich Ihnen an einer Reihe von Beispielen vorführen, dass Unterschiede zwischen Ausgaben nicht selten sind und dass solche Unterschiede weitreichende Konsequenzen für mögliche Interpretationen haben können. Zunächst geht es um Winzigkeiten im Text, ein Apostroph oder ein Komma, die eine große Wirkung haben können. Es gibt außerdem Texte, die in verschiedenen Fassungen vorliegen, die sich grundlegend voneinander unterscheiden; und schließlich gibt es Überlieferungssituationen, in denen man weder von Fassungen noch überhaupt von einem ‚Text' im geläufigen Sinn sprechen kann.

1   Kleine Unterschiede: Apostroph und Komma

Das erste Beispiel sind die berühmten Schlussverse von GOETHES *Faust*. Am Ende der Handlung, nach seinem Gang durch die ‚große' und ‚kleine Welt', wird Faust von den rettenden Engeln mit Gesang in höhere Sphären getragen. Die letzten Verse, die der *Chorus mysticus* singt, lauten:

> Das Unbeschreibliche,
> Hier ist's getan;
> Das ewig Weibliche
> Zieht uns hinan.
> (Faust II, Vv. 12108–12111)

So steht es zum Beispiel in der Ausgabe des Reclam-Verlags. ERICH TRUNZ, der Herausgeber der Hamburger Ausgabe von GOETHES Werken, hat in seinem Kommentar zu diesen Versen geschrieben: „In diesem Gefüge darf es keine Unregelmäßigkeit, kein Holpern geben. Nur wenn man beim Sprechen diese Harmonie Klang werden lässt, symbolisiert die Form den Ausklang, die Läuterung, welche durch die ganze Szene sich steigert und hier ausklingt." Und tatsächlich: Wenn Sie die Stelle laut lesen, werden Sie merken, dass sie wirklich harmonisch klingt. Das Ganze ist ein regelmäßiger daktylischer Rhythmus mit ein paar Pausen. Die vier Verse lassen sich in zwei Verspaare teilen, die metrisch gleich gebaut sind (Isometrie). Die These von TRUNZ, dass die Sprache hier einen Prozess der ‚harmonischen Läuterung' formal noch einmal beglaubigt, erscheint auf den ersten Blick also durchaus überzeugend. – Erstaunlich ist allerdings, dass diese Stelle in Goethes letzter eigenhändiger Handschrift des *Faust*, nach der sich eigentlich alle Ausgaben richten, gar nicht so regelmäßig klingt. Die Verse lauten dort:

Das Unbeschreibliche
Hier ist es getan;
Das ewig Weibliche
Zieht uns hinan.

Wenn Sie diese Fassung mit der anderen Fassung aus dem Reclam-Heft vergleichen, werden Sie den Unterschied schnell entdecken: Dort steht im zweiten Vers „Hier ist's getan." Im Original ist das Verb aber nicht auf diese Weise mit dem Pronomen „es" zusammengezogen, und darum liest sich die Stelle rhythmisch auch nicht so reibungslos wie angenommen, sondern ‚holpert' doch. Offenbar haben die Editoren also in den Text eingegriffen und eine Verbesserung vorgenommen. Sie haben sich dabei auf ein anderes Manuskript gestützt: auf eine frühere Abschrift des *Faust*, die ein Schreiber in GOETHES Auftrag angefertigt hatte. Die Entscheidung, an dieser Stelle auf das andere Manuskript zurückzugreifen, ist offenbar ästhetisch motiviert. TRUNZ gibt darüber in seinem Stellenkommentar auch Auskunft: „Es kommt darauf an, dass Vers 12109 klanglich genau dem Schluß-Vers *Zieht uns hinan* entspricht." Die harmonischere Fassung erscheint TRUNZ darum plausibler. In einer späteren Ausgabe, die der Editor ALBRECHT SCHÖNE hergestellt hat, ist die originale Schreibung beibehalten (SCHÖNE hat sich streng an GOETHES eigene Handschrift gehalten und über 3000 von diesen Satzzeichen und 500 andere Eingriffe rückgängig gemacht, die in anderen Ausgaben zu finden sind). Und er gibt auch eine alternative Deutung für die Stelle: So wie TRUNZ dem regelmäßigen Rhythmus große Bedeutung beigemessen hatte, legt SCHÖNE jetzt Wert auf das Unregelmäßige. Es soll als Ausdruck dafür zu verstehen sein, wie ‚unbeschreiblich' die Erlösungshandlung ist, die auf der Bühne vorgeführt wird.

Ein Apostroph und ein Buchstabe mehr oder weniger können also unter Umständen darüber entscheiden, wie plausibel eine Interpretation ist – und ob man den Text mit oder ohne Apostroph vor sich hat, hängt von der verwendeten Ausgabe ab. Wenn man in solchen Fragen sicher gehen will, dann muss man eine ‚historisch-kritische Ausgabe' verwenden, die darüber informiert, welche Varianten es zu einer Textstelle gibt (Sie finden Angaben dazu unten im Abschnitt über die drei Typen von Textausgaben).

Solche bedeutsamen ‚kleinen Unterschiede' wie der Apostroph in GOETHES *Faust* sind gar nicht selten. Man könnte etwa auch auf die eigentümliche Praxis der Interpunktion im Werk HEINRICHS VON KLEIST (1777–1811) verweisen: Seine Sätze sind voll von Kommata und anderen Satzzeichen. Das liegt oft daran, dass KLEIST sich mit seinen überaus verschachtelten Formulierungen an der Darstellung einer komplexen und vielfach verworrenen Wirklichkeit versucht. An manchen Stellen setzt er einfach mehr Satzzeichen als syntaktisch nötig, an anderen Stellen setzt er zu wenige. Manche Herausgeber haben darum auch hier eingegriffen und versucht, den Text nach modernen Regeln zu ‚normalisieren', so dass syntaktische Einheiten klarer zu erkennen sind. Der erste Satz der Erzählung *Michael Kohlhaas* etwa ist in der Erstausgabe durch fünf Kommata strukturiert, in anderen Ausgaben sind es nur noch zwei. Die Texte werden auf diese Weise lesbarer, aber gleichzeitig ist dadurch auch eine Eigenheit von KLEISTS Stil verwischt worden: Er verwendet die Zeichensetzung eben nicht nur zur Kennzeichnung syntaktischer Einheiten, sondern eher wie musikalische Phrasierungszeichen, die zum Beispiel Beschleunigung oder Stocken der Rede anzeigen können, so dass manche Wörter auch semantisch stärker betont werden als andere. Der Umgang mit KLEISTS Satzzeichen hat also auch hier Konsequenzen für mögliche Interpretationen.

2   Texte in verschiedenen Fassungen

Neben diesen kleinen Unterschieden, die nur auf den ersten Blick unbedeutend sind, gibt es natürlich auch größere Unterschiede zwischen Textfassungen, die noch schneller ins Auge springen. Ein gutes Beispiel dafür ist GOETHES Roman *Die Leiden des jungen Werthers* aus dem Jahr 1774, der zu den bedeutendsten und erfolgreichsten Romanen der deutschen Literaturgeschichte zählt. Er hat die Epoche des ‚Sturm und Drang' mit begründet und ein wahres ‚Wertherfieber' im Lesepublikum ausgelöst. Gerade deshalb hat die zeitgenössische Öffentlichkeit den Roman auch mit Argwohn betrachtet: Es schien, als lade er insbesondere die Leser auf suggestive Weise zur vollkommenen Identifikation mit dem unglücklichen Liebenden ein, um sie schließlich in den solidarischen Selbstmord zu treiben. Es hat aus dieser Sorge sogar Verbote gegeben, und die allgemeinen Befürchtungen waren so groß, dass GOETHE (in der zweiten Auflage aus dem Jahr 1775) meinte, einige Verse hinzufügen zu müssen, um den zeitgenössischen Leser ausdrücklich zu warnen: „Sei ein Mann und folge mir nicht nach."

Wer über den Stellenwert des Romans und seine große Wirkung in diesem epochalen Zusammenhang sprechen will, kann nicht einfach eine beliebige Textausgabe zur Grundlage der Analyse machen. Denn oft findet man darin eine gründlich überarbeitete Fassung des Romans, die GOETHE später für eine Ausgabe seiner *Schriften* im Jahr 1787 hergestellt hat. Grundlegend verändert ist hier – neben anderen Dingen wie der Sprache oder neu eingefügten Episoden – die Figurenkonstellation: Lottes Ehemann Albert erscheint nicht mehr so abweisend wie zuvor, und darum ist die Tatsache, dass seine Frau so schnell in Liebe zu Werther entbrennt, nicht mehr so zwangsläufig. Lotte muss stattdessen selbst Entscheidungen treffen und aktiv werden. Darüber hinaus wird die Figur des Werther stärker psychologisiert und mit selbstkritischen Zügen ausgestattet. Schließlich kommt auch der fiktive Herausgeber bzw. eine gut informierte Erzählinstanz (und nicht nur Werther in seinen Briefen) zunehmend kommentierend zu Wort. Und so wird – alles in allem – dem Leser (und der Leserin) die bedingungslose Identifikation mit dem Protagonisten schwerer gemacht als zuvor. Wer also über die unglaubliche Wirkung des *Werther* in der Epoche des ‚Sturm und Drang' sprechen will, sollte nicht diese späte Fassung zur Grundlage nehmen, sondern natürlich den Erstdruck.

Weil es diese fundamentalen Unterschiede zwischen der Fassung aus dem Jahr 1774 und derjenigen aus dem Jahr 1787 gibt, drucken manche Ausgaben beide Fassungen parallel nebeneinander ab. Aber häufig findet man nur die spätere Überarbeitung. Das hat seinen Grund in der Editionsgeschichte: Diese Fassung steht in der letzten Ausgabe, deren Entstehung GOETHE noch zu seinen Lebzeiten persönlich überwacht hat (1827–1830), und die wissenschaftlich maßgebliche sogenannte *Sophien-Ausgabe* von GOETHES Werken aus den Jahrzehnten um 1900 verfährt nach dem Grundsatz, dass immer diese Ausgabe ‚letzter Hand' (so lautet der Fachbegriff in der Editionswissenschaft) verbindlich sein soll. Sie scheint den ‚letzten Willen' des Autors zu dokumentieren, und der Herausgeber kann sich als ‚Testamentsvollstrecker' verstehen. Sie können an diesem Beispiel wieder sehen, dass editionsphilologische Entscheidungen auch mit bestimmten Annahmen zusammenhängen. Man könnte zum Beispiel fragen: Warum sollte eigentlich die (vermeintliche) Intention des Autors entscheidend sein? Und warum sollte man sich das literarische ‚Werk' so organisch vorstellen und annehmen, dass es von einem ersten ‚Keim' bis zu seiner ‚Vollendung' in der letzten Gestalt einem ‚Reifungsprozess' unterliegt?

3 Text oder nicht Text?

Die Verunsicherung kann noch stärker sein: Es gibt Fälle, in denen die Erwartung, einen geschlossenen, kohärenten Text vorzufinden, vollständig enttäuscht wird. So gibt es von FRANZ KAFKAS Romanfragment *Der Process* zwar genügend Ausgaben, die einen solchen fortlaufend lesbaren Text präsentieren (etwa bei Fischer oder Suhrkamp). Aber dahinter steht wieder eine Konstruktionsleistung, denn es gibt keinen solchen ‚linearen' Text: KAFKA (1883–1924) hat seine Niederschrift in mehreren Schreibheften begonnen, die Arbeit aber nach einiger Zeit wieder abgebrochen und die Hefte aufgelöst. Aus den einzelnen Blättern bildete er dann 17 Stapel, für manche gab es Vorsatzseiten mit einem Schlagwort darauf, andere waren einfach nur in ein unbeschriebenes Blatt eingeschlagen. Das heißt also: Man steht vor 17 Blätterhaufen, deren Status und Reihenfolge ungeklärt sind.

Eine Herausgeberin oder ein Herausgeber muss nun entscheiden, wie man damit umgehen soll. Man kann etwa versuchen, den ursprünglichen Prozess der Niederschrift zu rekonstruieren – zum Beispiel mit Hilfe von Eintragungen in KAFKAS Tagebuch oder durch Indizien auf den Zetteln selbst, manchmal auch, indem man die Reihenfolge der Blätter danach bestimmt, welche Abschnitte möglicherweise andere Abschnitte voraussetzen. Man kann sich außerdem an KAFKAS Sortierung der Blätterstapel halten. Die Schlagworte auf manchen Vorsatzblättern könnten als Kapitelüberschriften zu verstehen sein, so dass man diese Stapel nur noch in eine plausible Reihenfolge bringen muss, die anderen Stapel könnte man kategorial als ‚Fragmente' einschätzen und in einem Anhang präsentieren. MAX BROD, der erste Herausgeber, der überhaupt für die Veröffentlichung gesorgt hat (gegen den letzten Willen seines Freundes KAFKA), hat seine eigene Intuition zur Grundlage der Editionsentscheidungen gemacht; MALCOLM PASLEY, der Herausgeber einer späteren Ausgabe, hat versucht, den Ablauf der Handlung zu rekonstruieren. – Aber keine der Entscheidungen ist über jeden Zweifel erhaben: Entweder macht man KAFKAS Arbeitsschritt rückgängig, oder man nimmt die Arbeit an der Stelle, an der KAFKA sie abgebrochen hatte, wieder auf und bringt den Prozess (im doppelten Sinn) zu einem Ende, von dem man nicht mit Sicherheit sagen kann, ob es überhaupt so gekommen wäre.

Seit einiger Zeit gibt es aber auch eine neue Edition, die einen anderen, radikal originalgetreuen Weg wählt: Sie bietet zum einen vollständige Faksimiles (photographische Abbildungen) jeder Handschriftenseite und zum anderen auf der gegenüberliegenden Seite eine exakte Transkription (Umschrift). Das ganze ist gegliedert in die 17 Konvolute, so wie KAFKA sie hinterlassen hat. Es gibt keinerlei Eingriffe in den Text. Das bedeutet auf der einen Seite, dass der Leser oder die Leserin alles immer mit den Originalen vergleichen und sich selbst einen Eindruck verschaffen kann. Die Frage nach der Reihenfolge bleibt unentschieden, und das bedeutet gleichzeitig, dass die Entscheidung, ob aus den Blätterhaufen ein Text werden soll oder nicht und welche Gestalt er haben sollte, ganz in die Hände der Leser und Leserinnen gelegt wird. Eine solche Entscheidung kann man mit dem Glauben an die ‚Mündigkeit' des Lesers begründen, oder man kann sie als Kapitulation der Editionsphilologie kritisieren. Darüber lässt sich streiten.

An diesen Beispielen dürfte deutlich geworden sein, dass es nicht gleichgültig ist, welche Textausgabe man benutzt. Natürlich stellt sich das Problem nicht immer, aber bei älteren kanonischen Autorinnen und Autoren hat man häufig die Wahl zwischen verschiedenen Editionen. Oft haben dabei Herausgeberinnen und Herausgeber unterschiedliche Entscheidungen getroffen, um einen Text in lesbarer Gestalt präsentieren zu können. Die wichtigste Anforderung an eine brauchbare Ausgabe lautet darum, dass solche Entscheidungen sichtbar sein müssen. Danach und nach der Plausibilität der getroffenen Entscheidungen bemisst sich die Qualität einer Ausgabe. Ihre Nützlichkeit hängt außerdem davon ab, wie verlässlich und ausführlich die Informationen sind, die sie über den reinen Text hinaus bietet.

Um sich die Orientierung zu erleichtern, kann man drei Typen von Ausgaben unterscheiden:
1. *Leseausgabe*, 2. *Studienausgabe* und 3. *Historisch-kritische Ausgabe*.
Zu welchem Typ eine Ausgabe gehört, steht aber leider nur selten auf dem Umschlag. Normalerweise sollten Sie mit einer *Studienausgabe* arbeiten und die *Historisch-kritische Ausgabe* (falls es eine gibt) zu Rate ziehen.

1 Leseausgaben

Leseausgaben sind für das breite Publikum gedacht. Sie bieten meistens nur den bloßen Text, manchmal noch ein Nachwort, aber selten weiterführende Informationen. Über die Gestalt des Textes gibt die Ausgabe meistens keine Auskunft. Wer sich zum Beispiel GOETHES *Iphigenie* kauft, bekommt oft die Prosafassung zu lesen, ohne dass er darauf hingewiesen wird, dass es auch einmal eine Fassung in Versen gegeben hat. Und weil das oberste Ziel die einfache Lesbarkeit für ein heutiges Publikum ist, sind die Texte oft auch den gegenwärtig geltenden Regeln der Rechtschreibung angepasst. GOETHES *Iphigenie* z. B. erscheint bei Reclam modernisiert in Übereinstimmung mit den ‚amtlich geltenden Regeln' der jüngsten Rechtschreibreform. Kurz gesagt: Eine solche Ausgabe genügt natürlich nicht den philologischen Ansprüchen der Literaturwissenschaft. Sie ist darum nicht ‚zitierfähig'. – Anders liegt der Fall nur, wenn es von einem Text nur eine ‚Leseausgabe' gibt (etwa bei Autorinnen und Autoren der Gegenwartsliteratur): dann muss man mit dieser Ausgabe arbeiten.

2 Studienausgaben

Studienausgaben sind in der Regel ‚zitierfähig': Sie bieten (anders als Leseausgaben) meistens einen Text, auf den Sie sich verlassen können. Oft übernehmen sie ihn aus einer historisch-kritischen Ausgabe, manchmal wird aber auch hier die Orthographie modernisiert. Gute Beispiele dafür sind die Bücher aus dem *Deutschen Klassiker Verlag*. Sie enthalten in einem Anhang sehr viel ausführlichere Informationen als eine Leseausgabe. Bei kanonischen Werken übertrifft der Umfang dieses Anhangs oft den Umfang des Textes bei weitem. Zu GOETHES *Faust* präsentiert z.b. ERICH TRUNZ in seiner Ausgabe gut 360 Seiten mit nützlichen Informationen, in ALBRECHT SCHÖNES Ausgabe füllen die Angaben einen eigenen Band mit mehr als 1000 Seiten, und von ULRICH GAIER gibt es einen Kommentar mit mehr als 2000 Seiten. Sie finden hier Informationen zur Entstehungs- und Rezeptionsgeschichte, zur Überlieferungssituation und manchmal auch einen Überblick über verschiedene Deutungsansätze. Außerdem finden Sie in einer Studienausgabe in der Regel auch einen hilfreichen Stellenkommentar, in dem einzelne unklare Textstellen erläutert werden.

Ein solcher Stellenkommentar ist eine Fundgrube für aufschluss-reiche Informationen. Manchmal ist es nur ein Detail, zum Beispiel, dass Faust mit seinem Satz „Das also war des Pudels Kern!" keinen süßen Schoßhund meint, sondern nach dem Wortgebrauch des 18. Jahrhunderts einen kräftigen Jagdhund. Aber oft finden Sie im Kommentar auch Informationen, die eine ganze Interpretation be-gründen können. Man kann das an einer berühmten Szene aus GOETHES *Werther* zeigen: Lotte und Werther treten nach einem Ge-witter gemeinsam ans Fenster, um die fruchtbare Natur zu betrach-ten. Lotte sagt nur: „Klopstock!", und Werther versinkt augen-blicklich in dem „Strome von Empfindungen", den sie in diesem Losungswort über ihn „ausgießt". Er ist so tief berührt, dass ihm die Tränen in die Augen treten, und er küsst Lotte, die ihrerseits Tränen in den Augen hat, zum ersten Mal die Hand.

Die Szene erscheint auf den ersten Blick befremdlich: Heute ist weder der Name KLOPSTOCK allgemein geläufig, noch kann man seine ungeheure Wirkung in der Situation problemlos nachvoll-ziehen. Aber der Kommentar vermittelt die Information, dass die zeitgenössischen Leser die Szene wahrscheinlich nicht als unglaub-würdig empfunden haben dürften: Sie kannten den Kultdichter FRIEDRICH GOTTLIEB KLOPSTOCK (1724–1803), der in seinen Elegien und Oden die göttliche Schöpfungskraft in der Natur besang. Es gab in der zeitgenössischen Lesepraxis durchaus die Erfahrung, dass man mit dem Namen eines Dichters eine Fülle von Emotionen aufrufen und sich so über eine gemeinsame Empfindung verstän-digen konnte. Das fast sprachlose Einverständnis der Herzen, das hier vorgeführt wird, ist allerdings, wenn man genauer hinschaut, gar nicht so unmittelbar, wie es scheint. Die Szene ist von GOETHE vielmehr geschickt und kunstvoll arrangiert: Im Kommentar kann man lesen, dass hier andere literarische Texte anklingen und zitiert werden. Dazu gehört etwa eine Szene aus SALOMON GESSNERS (1730–1788) damals ungeheuer populären *Idyllen*, in der die Liebenden Damon und Daphne nach einem Gewitter wieder aus ihrem Unterschlupf treten und ganz außer sich sind vor Entzücken über die Wunder der Natur und das Wunder ihrer Liebe. Darüber hinaus kann man das Bild des Liebespaars Werther und Lotte als eine Neuinszenierung eines alten, in der Literatur des Mittelalters und der Renaissance vielfach belegten literarischen Motivs ver-stehen: des Liebespaars, das durch gemeinsame Lektüre und Er-zählen zueinander findet, von Abaelard und Heloise über Tristan und Isolde bis hin zu Francesca und Paolo aus DANTES *Göttlicher*

Komödie. Vielleicht ist das Bild der Liebenden am Fenster auch ein Zitat eines mystischen Fenstergesprächs zwischen Mutter und Sohn aus den *Bekenntnissen* des Kirchenvaters AUGUSTINUS, das nach einer stufenweisen Steigerung in einer ekstatisch-religiösen Gotteserfahrung gipfelt. – Die emotionale Ökonomie der Szene und der Gebrauch des Dichternamens erscheinen heutigen Leserinnen und Lesern also zunächst befremdlich, aber in einer guten, kommentierten Ausgabe brauchen Sie nur ein paar Seiten weiter zu blättern und finden im Anhang Informationen, die zeigen, dass GOETHE auf das Inventar der Leseerfahrungen seines Publikums zurückgreift und bekannte Szenen und Konstellationen aufruft. Solche Informationen können dabei helfen, die große Wirkung des *Werther* zu erklären. Wer eine kommentierte (Studien-) Ausgabe verwendet, hat bequemen Zugang zu diesen Informationen.

3 Historisch-kritische Ausgaben

Der dritte Ausgabentyp ist die historisch-kritische Ausgabe. Sie muss höchsten philologischen Ansprüchen genügen und gehört darum zu den literaturwissenschaftlichen Großunternehmen: Die Arbeiten an einer solchen Ausgabe dauern leicht mehrere Jahrzehnte. Ihr Ziel ist es, am Ende einen Text zu präsentieren, der auf der Grundlage aller überlieferten Textträger (,historisch') hergestellt und genau (,kritisch') überprüft worden ist. Wenn man weiß, wie groß der Aufwand ist, der dazu nötig ist, dann wird verständlich, dass bisher nur für das Werk weniger Autorinnen und Autoren tatsächlich eine solche historisch-kritische Ausgabe hergestellt worden ist. Dazu gehören (zum Beispiel) KLOPSTOCK, SCHILLER, KLEIST, HÖLDERLIN, BRENTANO, JEAN PAUL, BÜCHNER, HEINE, MÖRIKE, DROSTE-HÜLSHOFF, STIFTER, MEYER, HOFMANNSTHAL, TRAKL, KAFKA, LASKER-SCHÜLER und CELAN.

Damit Sie eine Vorstellung davon bekommen, wie aufwändig die Herstellung einer historisch-kritischen Ausgabe ist, und damit Sie mit einer solchen Ausgabe umgehen können, gebe ich Ihnen im Folgenden einen knappen Überblick darüber, in welchen Arbeitsschritten sie entsteht und was die Abkürzungen bedeuten, die Sie dort finden werden.

1. Heuristik: Der erste Schritt bei der Edition ist die Suche nach allen Überlieferungsträgern und Dokumenten vom kleinsten handschriftlichen Bruchstück bis hin zum gedruckten Text (*Heuristik,*

von griech. heuriskein – finden, entdecken). Alle handschriftlichen Texte werden exakt beschrieben, entziffert und buchstabengetreu in moderne Schreibung übertragen (*Transkription*, aus
lat. trans – hinüber, scribere – schreiben). Anschließend kann
man alle Texte nebeneinander legen (*Kollation* – lat. Zusammenstellung) und Wort für Wort miteinander vergleichen, um Abweichungen und Varianten festzustellen.

2. Recensio: Auf der Basis einer genauen Untersuchung der Ab-
hängigkeiten untereinander (*recensere* – lat. mustern, prüfen),
versucht man nun, die Entstehung des ‚Werks' zu rekonstruieren.
Ausgehend von den frühesten Textzeugen, wird die Abhängig-
keit der anderen Dokumente untereinander in chronologischer
Reihenfolge in einem Baumschema (griech. *stemma*) abgebildet.
Dafür werden Siglen (Buchstaben-Abkürzungen) eingeführt, die
zum Beispiel so aussehen können:

H steht für eine Handschrift der Autorin oder des Autors
h steht für eine Handschrift einer anderen Person
T steht für Typoskript (maschinenschriftlich),
D ist der Druck in Buchform,
d ist ein nicht vom Autor gebilligter (autorisierter) Druck
Z ist ein Druck in einer Zeitschrift.

Wenn mehrere Handschriften oder Drucke vorliegen, kann man
die Siglen nach der Chronologie mit einem Index versehen: H^1,
H^2, h^1, h^2 usw. Im Prozess dieser genauen Beschreibung der Ab-
hängigkeitsverhältnisse (*Filiation* – lat. Abstammung) fällt auch
die Entscheidung darüber, welcher Textträger die Grundlage für
die Edition darstellen soll. Vorausgesetzt sind dabei immer
auch (literaturtheoretisch begründete) Präferenzen: Man kann
eine späte Fassung wählen (z.B. die Ausgabe letzter Hand, also
diejenige, deren Druck eine Autorin oder ein Autor noch zu
Lebzeiten überwacht hat) oder eine frühe Fassung (z.B. den Erstdruck, weil damit der Prozess der handschriftlichen Entstehung
zu einem Ende gekommen und der Text zum ersten Mal an die
Öffentlichkeit gelangt ist), oder sogar eine Mischfassung aus verschiedenen Textzeugen herstellen (weil es den Text nie in dieser
Form gegeben hat, ist man heute von dieser Praxis abgekommen).
Ein zentraler Gedanke ist dabei die *Autorisation*: Ein Autor oder
eine Autorin muss einen Text nicht unbedingt eigenhändig geschrieben oder den Druck überwacht haben. Es reicht, wenn er
oder sie eine bestimmte Fassung einmal gebilligt hat.

Diese Probleme bei der Edition neuerer Texte gelten noch einmal verschärft in der Mediävistik. Früher versuchten Editoren mit Hilfe eines Stemmas einen originalen ,Architext' zu rekonstruieren und die Urheberschaft dafür einem identifizierbaren Autor zuzuschreiben. Inzwischen ist man dagegen der Meinung, dass weder der Begriff des ,Werks', noch der des ,Autors' wirklich angemessen ist für einen mittelalterlichen ,Text', der normalerweise mündlich oder handschriftlich in extrem variablen Formen kursierte. Statt von einem einzigen ,Text' zu sprechen, könnte man auch die verschiedenen ,Handschriften' in den Mittelpunkt stellen. Und weil sie in der Regel von mehreren Personen in einer spezifischen Situation hergestellt wurden (Autor, Schreiber, Redaktor, Kommentator und andere), kann man sich auch von der Vorstellung eines ,Urhebers' verabschieden.

3. Korrekturen: Wenn die Textgrundlage einmal gewählt ist, kann es sein, dass noch Eingriffe in den Text notwendig sind – zum Beispiel sind Druckfehler oder Versehen zu korrigieren (*Emendation*, von lat. emendare, verbessern). Durch das Alter der Überlieferungsträger oder andere Gründe sind manche Stellen unleserlich geworden (*Korruptel* – von lat. corruptela, Verderb), aber manchmal kann man mit guten Gründen vermuten, was dort ursprünglich stand und es wieder einfügen (*Konjektur*, von lat. coniectura, Vermutung). Schließlich ist auch zu fragen, ob man die Rechtschreibung und Zeichensetzung dem modernen Gebrauch angleicht. In der Editionswissenschaft sind diese Eingriffe in den Text natürlich ein heikle Angelegenheit. Und über das Ausmaß dessen, was nötig und erlaubt ist, gibt es große Kontroversen.

4. Textkonstitution: Anschließend wird nach möglichst klar formulierten Richtlinien ein lesbarer Text hergestellt. Über diesen Prozess geben gute Editionen in einem Apparat Auskunft. Dieser Apparat enthält eine editorische Vorbemerkung über die Textgrundlage, die gewählt wurde, und über die Eingriffe der Herausgeberin bzw. des Herausgebers. Er beschreibt andere Fassungen und verzeichnet exakt alle Varianten, die diese anderen Fassungen von der gewählten unterscheiden. Hier werden alle Dokumente präsentiert, die mit der Entstehung des Textes zusammenhängen (Entwürfe, Fragmente, Briefe, Tagebucheintragungen). Außerdem informiert der Apparat über die Wirkung des Textes auf die Zeitgenossen, vielleicht auch über die Geschichte der Deutungen (oder Inszenierungen im Fall eines Dramas). Ein Stellenkommentar erklärt alle schwer verständlichen

und erläuterungsbedürftigen Textstellen. Und abschließend gibt
es in der Regel noch eine Bibliographie. – Besser kann man danach über einen Text kaum informiert sein.

Wie findet man eine gute und ‚zitierfähige' Ausgabe?
*Oft gibt es verschiedene Ausgaben eines Textes, und man weiß nicht, welche
man verwenden und zitieren soll. Fragen Sie im Zweifelsfall Ihre Dozentin
oder Ihren Dozenten. Aber grundsätzlich können Sie natürlich auch selbst
solche Ausgaben erkennen: Zitierfähige Ausgaben sind solche, die einen Text
präsentieren, der nach allen Regeln der Kunst der Edition kritisch überprüft
worden ist. Das ist selten die Reclam-Ausgabe (die im Seminar aber oft aus
Kostengründen als gemeinsame Textgrundlage verwendet wird), sondern
meistens eine Ausgabe mit einem Anmerkungsapparat am Ende. Es gibt vor
allem zwei pragmatische Wege, eine solche ‚zitierfähige' Ausgabe zu identifizieren:*
1. *Halten Sie sich an die Forschungsliteratur, die Sie gelesen haben. Die Forscherinnen und Forscher müssen natürlich – genauso wie Sie – ‚zitierfähige'
Ausgaben verwenden. Nehmen Sie also einen neueren Aufsatz oder ein
neueres Buch zum Thema und schauen Sie im Literaturverzeichnis oder in
den Anmerkungen nach der benutzten Werkausgabe.*
2. *Schauen Sie in Ihrer Universitätsbibliothek im Regal (wenn es eine eigene
Bibliothek des germanistischen Instituts gibt, gehen Sie unbedingt in die
Institutsbibliothek). Finden Sie eine Werkausgabe (meist mehrbändig) und
schauen Sie einmal rechts und links davon. In manchen Fällen werden Sie
einige Regalmeter Bücher finden. Wenn es mehrere Ausgaben gibt, nehmen
Sie einmal von jeder Ausgabe einen Band heraus und vergleichen Sie. Achten Sie insbesondere auf den Apparat hinten im Anhang, dort finden Sie
Informationen zur Textgestalt – und wenn es einen hilfreichen Stellenkommentar gibt, dann finden Sie ihn ebenfalls dort.*

Zugegeben: Man wird im Germanistik-Studium nicht oft literarische Texte erst aus Handschriften entziffern müssen, um sie lesen
zu können. Die meisten Fragestellungen beziehen sich auf Texte,
die in mehr oder weniger zuverlässigen Ausgaben zugänglich sind.
Im vorangegangenen Abschnitt haben Sie anhand einiger Beispiele
die Probleme bei der Herstellung von Textausgaben gesehen. Wenn
ich Ihnen im Folgenden an einem weiteren Beispiel aus der neueren
deutschen Literatur einen kurzen Einblick in die Praxis des Hand-
schriftenlesens gebe, können Sie die Probleme jetzt noch einmal
selbst nachvollziehen. Denn das Beispiel ist eine editionsphilologische Kontroverse der KLEIST-Forschung.

Es geht wieder scheinbar um Kleinigkeiten: um zwei Buchstaben in einem Brief, den HEINRICH VON KLEIST im Spätherbst 1807 an seine Cousine MARIE VON KLEIST geschickt hat. Er schreibt darin über sein Drama *Penthesilea*, ein radikales Werk über den Krieg zwischen den griechischen Helden um die Figur Achills und dem Volk der Amazonen um die Königin Penthesilea. Die beiden Protagonisten bekämpfen sich, fühlen sich aber gleichzeitig zueinander hingezogen. Verstörend ist vor allem die enge Verbindung von Liebesbegehren und Tötungsverlangen, die hier vorgeführt wird: Wenn Achill und Penthesilea nach vielen gescheiterten Begegnungen abschließend tatsächlich zueinander finden, dann nicht in einem Akt der zärtlichen Liebe, sondern Penthesilea schlägt ihre Zähne in Achills Fleisch, ihre „Küsse" werden zu „Bissen". Es handelt sich dabei, in Penthesileas Worten, um ein „Versehen", das mit der Ähnlichkeit der Worte begründet wird. Sprache selbst steht im Mittelpunkt des Dramas; so sehr, dass auch die Handlungen – entgegen allen theatralen Konventionen – mehr sprachlich mitgeteilt als auf der Bühne dargestellt werden. Manchen Interpreten erschien das exzessive Werk darum zu monströs, um es ganz ernst zu nehmen. Dagegen stand nun allerdings KLEISTS Brief, in dem er zentrale Aussagen über sein Selbstverständnis als Dichter macht und seine Person dabei mit seiner *Penthesilea* so eng in Verbindung bringt, wie mit kaum einem anderen Werk: „Es ist wahr", schreibt er an seine Cousine, „mein innerstes Wesen liegt darin, und Sie haben es wie eine Seherin aufgefasst: der ganze Schmerz zugleich und Glanz meiner Seele." – So lautet die Formulierung seit der ersten Ausgabe von KLEISTS Werken, die der Dichter LUDWIG TIECK im Jahr 1821 veröffentlicht hat. Und daran hat sich nichts geändert bis zur modernen Edition von HELMUT SEMBDNER aus dem Jahr 1959. Hier heißt es nicht mehr ‚Schmerz', sondern ‚Schmutz meiner Seele'. TIECK wie SEMBDNER haben die gleiche Textgrundlage verwendet: eine Abschrift des Briefs von KLEIST, die vermutlich den Wortlaut des Briefs getreu wiedergibt. Sie finden eine Abbildung auf der nächsten Seite, zusammen mit einer Umschrift, in der nur das umstrittene Wort ausgespart ist. Außerdem finden Sie eine alphabetische Tabelle der deutschen ‚Kurrentschrift', also der Schreibschrift, die der Schreiber benutzt (eine Schrift, die in Deutschland über mehrere Jahrhunderte in Gebrauch war, seit dem Jahr 1915 gab es daneben noch eine andere, schmucklose deutsche Schreibschrift, die nach ihrem Entwickler ‚Sütterlin' genannt wird). Damit können Sie nun versuchen, die Passage selbst zu entziffern, und überprüfen, ob Sie hier ‚Schmerz' oder ‚Schmutz' lesen.

Quelle: Peter Staengle: Kleist – in der Hand von Wilhelm Schütz. Faksimile und Umschrift In: Berliner Kleist-Blätter 2 (1989), S. 21–73, Abb. S. 48

Unbeschreiblich rührend ist mir alles, was Sie
mir über die Penthesilea schreiben. Es ist
wahr, mein innerstes Wesen liegt darin,
und Sie haben es wie eine Seherin aufge
faßt: der ganze [——] zugleich und Glanz
meiner Seele. Jetzt bin ich nur neugierig was
Sie zu dem Kätchen von Heilbronn sagen werden
denn das ist die Kehrseite dr Penthesilea
ihr andrer Pol, ein Wesen das eben so
mächtig ist durch gänzliche Hingebung als jene
durch Handeln.

Der Befund ist wohl eindeutig: Hier steht ganz offensichtlich *Schmutz*. Die Unterlänge des *z* ist durch die beiden Schwünge des *u* nach oben gezogen (wie beim folgenden *zugleich*), stünden dort die Buchstaben *e* und *r* bräuchte es vier Schwünge. Offenbar steht am Ende des Wortes außerdem die Buchstabenkombination *tz* (zum Vergleich in der selben Zeile *Glanz*). Im selben Brief wird aber an anderer Stelle *schmerzhaft* nicht mit *tz* geschrieben, so dass hier *Schmertz* unwahrscheinlich ist. Kurz: Alles spricht für *Schmutz*.

Der erste Herausgeber TIECK hat also wahrscheinlich vermutet, dass in KLEISTS eigener Handschrift das Wort *Schmerz* gestanden haben muss, und die Schreibung *Schmutz* für einen Fehler des Schreibers SCHÜTZ gehalten. Er hat darum in den Text eingegriffen, um die vermutete originale Gestalt wieder herzustellen. Diese Konjektur hat HELMUT SEMBDNER gut ein Jahrhundert später rückgängig gemacht, weil er den Textbefund für eindeutig hielt. Der Sinn der Passage, die man bis dahin für die Interpretation des Dramas problemlos in Anspruch hatte nehmen können, war damit weniger leicht zu verstehen. Was also tun? Für TIECKS stillschweigende Änderung von *Schmutz* zu *Schmerz* sprach zum Beispiel, dass die Rede vom *Schmutz der Seele* im Brief an KLEISTS Cousine angesichts der weiblichen Adressatin nicht wirklich taktvoll gewesen wäre; außerdem wurde der Begriff *Schmutz* semantisch gewöhnlich eher mit materiellen Dingen in Verbindung gebracht; und das Wort kam ansonsten überhaupt in KLEISTS Briefen nicht vor. – Die Befürworter der Lesart *Schmutz* führten dagegen an, dass die Zusammenstellung der Begriffe *Glanz* und *Schmutz* (glanzlos) als Gegensatz (*zugleich*) deutlich sinnvoller erscheine als die Kombination mit *Schmerz*; überdies spielten in der *Penthesilea* Vorstellungen von Reinheit eine große Rolle (insbesondere in einer zentralen Waschungsszene); und außerdem lassen sich andere zeitgenössische Belege finden (allerdings weniger in KLEISTS Texten), in denen das Wort *Schmutz* auch in Bezug auf seelische Zustände und ethische Bewertungen gebraucht wird. Die Streitfrage wird noch verwickelter, weil der Brief nicht in KLEISTS eigener Handschrift überliefert ist (fast alle originalen Briefe an seine Cousine sind verbrannt), sondern nur in einer zeitgenössischen Abschrift durch WILHELM VON SCHÜTZ, dessen Zuverlässigkeit man bezweifeln kann. Ein Grund mehr also, die Handschrift für weniger verbindlich zu halten und sich zur Konjektur berechtigt zu fühlen. Philologen wie ARTHUR HENKEL haben schließlich zuletzt darauf hingewiesen, dass der Name *Penthesilea* als Kompositum aus dem griechischen *penthos* (Schmerz) und *silas* (Glanz) gelesen werden kann. So erscheine die Zusammenstellung der beiden Begriffe in KLEISTS Brief doch sinnvoll. – Man wird nicht abschließend klären können, welches Wort tatsächlich in KLEISTS eigenem Brief stand. Es gibt nur mehr oder weniger plausible Gründe für die eine oder andere Version.

Noch einmal zurück zum Handschriftenlesen, um das es in diesem Abschnitt geht. Wenn Sie die Handschrift von WILHELM SCHÜTZ mit der abgebildeten Tabelle vergleichen, dann können Sie sehen, dass Handschriftenlesen nicht eine Sache ist, die man ein für alle mal kann, sondern eine, die man höchstens besser oder schlechter beherrscht: Viele Schriften sind individuell, so dass man sich erst einlesen muss. Handschriftenlesen ist darum am Anfang fast immer frustrierend. Beim Lesen von alten Handschriften muss man sich außerdem von einer Gewohnheit verabschieden: Wir sind es gewohnt, Wörter in ihrem Druckbild mit einem Blick zu erfassen. Man kann die Buchstaben innerhalb eines Wortes verdrehen, wenn der erste und letzte Buchstabe an ihrem Platz bleiben, man kann auch die Vokale streichen. Wir können den Text normalerweise immer noch ohne große Probleme lesen oder uns wenigstens zusammenreimen, was dort steht. Das gilt für alte Handschriften nicht. Hier muss man genau buchstabieren (oft, wenn man glaubt, das Wort auf einen Blick erfasst zu haben, irrt man sich). Man braucht bei jedem Text erst einen Einstieg in das neue Schriftbild.

Es gibt dafür zwei Ratschläge:

1. Es ist eine gute Strategie, Wörter im Text zu suchen, die man sicher entziffern kann, und sich die Schreibung einzelner Buchstaben zu merken. Manchmal gibt es klar erkennbare Merkmale, vielleicht einen Bogen über dem „u" oder andere Eigenheiten. Und man kann sich in der Regel darauf verlassen, dass ein Schreiber seine Schrift relativ konsequent beibehalten wird.

2. Vergessen Sie ihre orthographischen Kenntnisse! Es hat eine amtliche Rechtschreibung im Deutschen erst ab dem Jahr 1901 gegeben. Vorher ist die Schreibung extrem variabel. Mitunter erscheint dasselbe Wort in einem Text in zwei oder mehr verschiedenen Schreibungen. In alten Texten findet man oft *y* statt *i* (z.B. *seyn*), nur *k* statt *ck* (z.B. *Blik*), *s* und *ß* scheinen austauschbar (z.B. *Schlos*), oft wird *th* statt *t* geschrieben (z.B. *thun*). In Texten aus dem 17. Jahrhundert findet man oft für den Buchstaben *u* typographisch ein *v* geschrieben, außerdem werden manche Konsonanten nach anderen Konventionen verdoppelt (z.B. *vnnd*).

Es gibt neben den Handschriften noch eine zweite Gruppe von Texten, die viele Studierende für schwer lesbar halten: Texte, die in Frakturschrift gedruckt sind. Diese Schriftart aus der Familie der ‚gebrochenen Schriften' (sie war einem Schriftstil nachempfunden, der beim Schreiben mit dem Federkiel entstand) war über mehr als 400 Jahre bis etwa zur Mitte des 20. Jahrhunderts die Standard-Schrift für deutschsprachige Texte. Anderssprachige Texte oder Lehnworte (Latein, Englisch oder Französisch) wurden in Schrifttypen aus der Familie ‚Antiqua' gesetzt. In Deutschland hat sich die ‚Antiqua'-Schrift erst im Jahr 1941 durchgesetzt, als sie von den Nationalsozialisten zur ‚Normalschrift' auch für deutschsprachige Texte erklärt wurde (weil man der Fraktur-Schrift 'jüdische' Ursprünge zuschrieb). Ganz pragmatisch heißt das also: Texte in Fraktur-Schrift sind in der Regel über 60 Jahre alt. Man könnte darum fragen: Warum sollte man sie überhaupt lesen können, wenn sie so alt sind? Schließlich dürfte es für die meisten Autorinnen und Autoren neuere Werkausgaben in der einfach lesbaren Antiqua-Schrift geben. Und wenn es um Forschungsliteratur geht, wirken die Aussagen in den älteren Texten häufig so veraltet wie die Schrift.

Es gibt aber einen einfachen Grund, warum Sie die Schrift trotzdem lesen können sollten: Manche Texte gibt es eben doch nur in Fraktur. Und dazu gehört – das ist vielleicht überraschend – auch eine ganze Reihe von Werkausgaben von wichtigen Autorinnen und Autoren. Darunter sind Schriftsteller wie LUDWIG TIECK, der ‚König der Romantik', oder FRANZ GRILLPARZER, einer der prominentesten Autoren aus der ersten Hälfte des 19. Jahrhunderts. Tiecks Werke finden Sie vollständig nur in seiner eigenen Ausgabe aus den Jahren 1828–1854, und GRILLPARZERS Werke gibt es vollständig nur in einer Ausgabe von AUGUST SAUER aus den Jahren 1909–1948. Noch überraschender ist vielleicht, dass es auch für einige der größten ‚Klassiker' historisch-kritische Ausgaben nur in Frakturschrift gibt. Das prominenteste Beispiel ist wahrscheinlich GOTTHOLD EPHRAIM LESSING, dessen Werke weitestgehend vollständig nur in der Ausgabe von KARL LACHMANN und FRANZ MUNCKER aus den Jahren 1886–1924 vorliegen. Die neueren Studienausgaben von PAUL RILLA (Aufbau-Verlag), HERBERT GÖPFERT (Hanser-Verlag) oder WILFRIED BARNER (Deutscher Klassiker Verlag) sind allesamt Auswahlausgaben. Kurz gesagt: Ohne Kenntnisse in der Frakturschrift können Sie manche Werke einiger Autorinnen und Autoren nicht lesen, weder die Erstausgaben, noch die maßgeblichen Werkausgaben.

Und die zweite Frage: Muss man ältere Forschungsliteratur lesen können? – Tatsächlich erscheint nicht alles, aber doch vieles, was die ältere Forschung für wichtig hielt, inzwischen überholt, viele Fragestellungen und Aussagen sind (wie unsere eigenen) vom Zeitgeist geprägt. Sie gründen auf Prämissen, die heute nicht mehr gelten. Sie huldigen z.B. einer Vorstellung von einem genialen Autor (meistens männlich), die wir heute nicht mehr teilen. Damit sind diese Aufsätze aber nicht automatisch obsolet. Denn die Literaturwissenschaft ist ein andauernder Diskussionsprozess, in dem auch die Geschichte der Deutungen von literarischen Texten interessiert (darüber haben Sie im ersten Kapitel dieses Buches lesen können). Das Alter der Texte schließt außerdem nicht aus, dass nicht doch manches in neuen Zusammenhängen wieder aufschlussreich werden könnte. Das gilt ganz besonders in einer Hinsicht: Vom 19. bis ins 20. Jahrhundert wurde in der Literaturwissenschaft, wie in allen historischen Wissenschaften, die Tätigkeit des Sammelns und Konservierens von literarischen Texten und historischen Dokumenten hoch geschätzt (‚Positivismus'). Forschen war sammeln, und das hat auch heute noch einen nützlichen Effekt: dadurch ist viel Material gesichert und gedruckt worden, das sonst nur schwer zugänglich oder ganz verloren wäre. Aber: Ohne Kenntnisse in der Frakturschrift können Sie viele dieser Quellen nicht lesen.

Sie werden merken, dass Sie mit ein wenig Übung Texte in Frakturschrift problemlos lesen können. Es gibt nur einige Fälle, in denen am Anfang Verwechslungen möglich sind:

▶ s sieht ähnlich aus wie f: ſ – f
  (den Buchstaben s gibt es in zwei Varianten: s steht am Ende von Silben und in Kombinationen wie st, sch, sp; ſ steht dagegen am Anfang von Silben).
▶ y sieht ähnlich aus wie n: ŋ – n.
▶ x sieht ähnlich aus wie r: x – r.
▶ k sieht ähnlich aus wie l: k – l.
▶ G sieht ähnlich aus wie S: G – S.
▶ V sieht ähnlich aus wie Y und B: V – Y – B.

Im Folgenden finden Sie zur Orientierung eine Tabelle mit einem Alphabet in Frakturschrift und zur Übung ein kurzes Textbeispiel mit zwei Passagen aus einem Buch über *Die Kunst Bücher zu lesen* aus dem Jahr 1799.

| A a | B b | C c | D d | E e | F f | G g |
| A a | B b | C c | D d | E e | F f | G g |

| H h | I i | J j | K k | L l | M m | N n |
| H h | I i | J j | K k | L l | M m | N n |

| O o | P p | Q q | R r | S s | T t | U u |
| O o | P p | Q q | R r | S s f | T t | U u |

| V v | W w | X x | Y y | Z z |
| V v | W w | X x | Y y | Z z |

Lautes Lesen vertritt die Stelle eines Spazier=
ganges. Die Anstrengung, die es uns kostet, sezt
unser Blut in Bewegung, verhütet die Stockung der
Säfte, und verscheucht Krankheiten und Mißvergnü=
gen. Bei regnigtem Wetter oder bei ungesunder
Witterung, oder in Krankheit müssen wir daher zum
Lautlesen unsere Zuflucht nehmen, um dadurch die
Vergnügungen und die Wohlthätigkeit eines Spazier=
ganges im Freien zu ersezzen, den uns jezt ein ungün=
stiges Geschick versagt.

Lautes Lesen vertritt die Stelle eines Spazierganges. Die Anstren-
gung, die es uns kostet, sezt unser Blut in Bewegung, verhütet die
Stockung der Säfte, und verscheucht Krankheiten und Mißvergnü-
gen. Bei regnigtem Wetter oder bei ungesunder Witterung, oder in
Krankheit müssen wir daher zum Lautlesen unsere Zuflucht neh-
men, um dadurch die Vergnügungen und die Wohlthätigkeit eines
Spazierganges im Freien zu ersezzen, den uns jezt ein ungünstiges
Geschick versagt.

Im Stehen zu lesen ist für den Kopf und für
die Füße nachtheilig; jener bekommt den Schwindel,
diese fühlen eine unnatürliche Schwäche, und wir sind
fast nicht im Stande, uns selbst zu tragen. Dies
rührt ohne Zweifel davon her, daß wir die beiden
Endpunkte unsers Körpers zugleich heftig anstrengen,
und anstatt die Lebenskraft auf einen Punkt zu ziehen,
sie theilen, und dadurch schwächen.

Quelle: Johann Adam Bergk: Die Kunst Bücher zu lesen. Jena 1799, S. 69f.

Im Stehen zu lesen ist für den Kopf und für die Füße nachtheilig;
jener bekommt den Schwindel, diese fühlen eine unnatürliche
Schwäche, und wir sind fast nicht im Stande, uns selbst zu tragen.
Dies rührt ohne Zweifel davon her, daß wir die beiden Endpunkte
unsers Körpers zugleich heftig anstrengen, und anstatt die Lebens-
kraft auf einen Punkt zu ziehen, sie theilen, und dadurch schwächen.

Abschließend geht es kurz um die Frage, wie man wissenschaftliche Texte mit Gewinn liest. Die Frage nach dem richtigen Lektüremodus für literarische Texte übergehe ich an dieser Stelle: Das ist die Grundfrage des gesamten literaturwissenschaftlichen Studiums, und die Versuche, darauf eine Antwort zu geben, füllen ganze Bibliotheken. Seltener sind dagegen Überlegungen, wie man ‚Sekundärliteratur' lesen soll: also wissenschaftliche Texte über literarische Texte. Von dieser Gattung werden Sie im Laufe Ihres Studiums vermutlich sehr viel mehr Texte lesen müssen als eigentlich schöne Literatur. Und Sie haben gleichzeitig, jedenfalls zu Beginn Ihres Studiums, sehr viel weniger Erfahrung im Umgang mit diesen Texten. Deshalb steht das Lesen von wissenschaftlichen Texten im folgenden Abschnitt im Mittelpunkt. Es wird zum einen um die richtige Perspektive auf wissenschaftliche Texte gehen, die Sie als Leserin oder Leser grundsätzlich einnehmen sollten; und zum anderen gibt es, ganz praktisch, ein paar technische Ratschläge für das Lesen von Forschungsliteratur.

Wenn Sie wissenschaftliche Texte über literarische Texte lesen, geschieht dies im Normalfall mit einer bestimmten Absicht: Sie wollen sich Wissen über einen bestimmten Sachverhalt aneignen. Sie suchen nach Informationen z. B. über die literarischen Strukturen eines Textes, über seine Entstehungskontexte, seine Wirkung und vieles andere mehr. Sie suchen vielleicht auch nach möglichen Deutungsansätzen. Aus den Forschungsbeiträgen, die Sie zu diesem Zweck lesen, können Sie mehr oder weniger detaillierte Informationen darüber erhalten. Und so scheint es zunächst, als könne ein Forschungsbeitrag in dieser Hinsicht überhaupt nur mehr oder weniger gut sein. Darum konzentrieren sich viele Anleitungen zum Lesen von wissenschaftlichen Texten darauf, wie man sie sicher verstehen und die mitgeteilten Informationen möglichst vollständig behalten kann. Es gibt daneben aber auch eine zweite Einstellung beim Lesen von wissenschaftlichen Texten: Wissenschaft ist immer ein kritischer Dialog, und wissenschaftliche Texte müssen daraufhin überprüft werden, ob die vorgeschlagenen Interpretationen nachvollziehbar sind. Also sollte man sie in dieser Hinsicht auch kritisch lesen und sich fragen: Sind die Beschreibungen zutreffend? Sind die Lesarten und Interpretationen plausibel begründet? Sind die Argumente stichhaltig? – Wenn man solche Fragen stellt, kann es durchaus sein, dass man zu dem Schluss kommt, dass eine Behauptung nicht plausibel ist. Wissenschaftliche Texte lösen also ihren Anspruch, objektiv gültige und wahre Aussagen zu machen, nicht immer ein. Und manchmal kann ein Deutungsansatz, der für sich allein genommen noch plausibel erscheint, in Konkurrenz mit anderen Ansätzen stehen, die im Vergleich überzeugender sind.

Forschungsbeiträge werden aus diesem Grund immer wieder von der kompetenten Fachöffentlichkeit diskutiert. Jede neue Studie ist darum auch eine Stellungnahme zur älteren Forschung (die z.b. in den Fußnoten zustimmend oder ablehnend zitiert wird). Für die Beurteilung ganzer wissenschaftlicher Bücher gibt es darüber hinaus eine eigene Textsorte: die wissenschaftliche Rezension. Sie enthält in der Regel eine knappe Wiedergabe des Buchinhalts und eine kritische Bewertung. Es gibt für solche Rezensionen sogar eigene Zeitschriften, etwa das *Arbitrium*, in dem jedes Jahr über 100 Rezensionen veröffentlicht werden, die im Durchschnitt etwa drei Seiten umfassen. Ein Anbieter von frei zugänglichen literaturwissenschaftlichen Rezensionen im Internet ist das *Internationale Archiv für Sozialgeschichte der deutschen Literatur online* (www. iaslonline.de), sehr aktuell ist www.literaturkritik.de. Wenn Sie eine bestimmte Studie lesen müssen und wissen wollen, ob sie rezensiert worden ist, dann können Sie in der *Bibliographie der deutschen Sprach- und Literaturwissenschaft* (BDSL) danach recherchieren (mehr dazu in Kapitel 4: Schreiben von Hausarbeiten).

Die Überprüfung von Forschungsbeiträgen auf ihre wissenschaftliche Plausibilität findet aber nicht nur in wissenschaftlichen Zeitschriften statt, sondern z.b. auch in Ihrer Hausarbeit. Wenn Sie Germanistik studieren, sollten Sie sich zunehmend auch als Mitglied der kompetenten Fachöffentlichkeit verstehen und kritisch lesen. Dazu müssen sie beim Lesen aktiv mitdenken – aber auch mitschreiben: Sie sollten immer einen Bleistift in der Hand haben. Unterstreichen Sie wichtige Passagen, markieren Sie Fragestellungen und Thesen mit einem eigenen Zeichen, notieren Sie Gliederungspunkte und zentrale Argumente mit einem Stichwort am Rand, und vergessen Sie nicht Ihre eigenen kritischen Einwände. So verhindert man, dass man die Texte lediglich überfliegt und mögliche Ansatzpunkte für eine Diskussion übersieht. Außerdem hat man über solche Texte, wenn man sie später wieder braucht, schneller einen Überblick. – Bei all dem gilt natürlich: Streichen Sie nur Ihre eigenen Bücher und Kopien an, nicht die ausgeliehenen Bücher aus der Bibliothek.

Eine Steigerung dieses aktiven Lesens ist das Exzerpieren, das heißt: die wichtigsten Aspekte aus einem Text ,herausziehen' und schriftlich zusammenfassen. Solche Zusammenfassungen sind eine wichtige Vorstufe für Ihre Hausarbeit, denn auch wenn die Notizen noch sehr vorläufig sind, beginnen Sie bereits mit dem Schreiben. Im Idealfall können Sie Formulierungen aus Ihrem Exzerpt später in Ihrer Hausarbeit verwenden oder wichtige Zitate direkt übernehmen. Es gibt dafür nur zwei Voraussetzungen: Schreiben Sie im Zweifel lieber längere Passagen ab, damit Sie später aus dem Material auswählen können. Und vergessen Sie niemals die exakten Quellenangaben!

Wenn Sie z.B. eine Arbeit über den programmatischen Begriff des ,Kahlschlags' schreiben, mit dem nach dem Kriegsende 1945 eine Reinigung der missbrauchten Sprache und ein literarischer Neubeginn gefordert wurde, und dabei das berühmte Gedicht *Inventur* von Günter Eich als exemplarischen literarischen Text untersuchen („Dies ist meine Mütze, | dies ist mein Mantel, | hier mein Rasierzeug | im Beutel aus Leinen. […]"), dann werden Sie im Laufe Ihrer Recherche feststellen, dass es nur auf den ersten Blick eine vollkommen unvermittelte ,Bestandsaufnahme' ist. Tatsächlich gibt es eine frappierende Ähnlichkeit mit einem früheren Text von Richard Weiner („Dies ist mein Tisch | Dies meine Hausschuh | Dies ist mein Glas | Dies mein Kännchen […]"). Ob Eichs Gedicht mit diesem Wissen noch als Schreiben ,am Nullpunkt' verstanden werden kann, wäre zu diskutieren. Der Hinweis auf Weiners Text findet sich erstmals in einer Arbeit von Susanne Müller-Hanpft, und ein Exzerpt könnte etwa so aussehen:

> **Susanne Müller-Hanpft: Lyrik und Rezeption.**
> **Das Beispiel Günter Eich. München 1972.**
> Müller-Hanpft weist darauf hin, dass es eine „Vorlage" gibt, „die Eichs berühmtestes Gedicht der Nachkriegszeit als literarische Replik entlarvt und deutlich macht, daß auch dieser ,Neuanfang' bereits literarisch vermittelt ist." (S. 36) Gemeint: Jean Baptiste Chardin von Richard Weiner aus dem Jahr 1916. „Die Form dieses Gedichts hat erst in der Version Günter Eichs den ihr gemäßen politischen Inhalt erhalten. Die Dimension der Inventur des Kriegsgefangenen hat eine andere Qualität als die des Biedermannes, der seine häusliche Umgebung konstatiert. Gleichwohl bleibt das Faktum, daß der ästhetische Neubeginn nach dem Kriege auch mit diesem Gedicht Günter Eichs nicht vollzogen wird." (S. 37) […]

Sprechen

Im germanistischen Studium liest man natürlich nicht nur Texte, sondern man spricht auch über sie. Im folgenden Kapitel geht es um dieses Sprechen über Sprache und Literatur im akademischen Kontext, vor allem um die Vortragssituation des Referats im Seminar. Dabei ist gleich zu Beginn natürlich einschränkend zu sagen: Ein Referat oder ein Vortrag sind Aufführungssituationen, und wie sie gelingen, lernt man kaum durch abstrakte Ratschläge, sondern am besten durch praktische Übung. Aber es gibt doch ein paar hilfreiche Überlegungen und Techniken, die man berücksichtigen sollte, wenn man einen guten Vortrag halten will.

1. Zunächst sollten Sie also wissen, welchen Zweck ein Referat in der wissenschaftlichen Diskussion im Seminar erfüllt. Dann können Sie besser einschätzen, mit welcher Einstellung Sie sich an die Arbeit machen können.
2. Anschließend erfahren Sie, wie Sie Ihren Vortrag inhaltlich und sprachlich gestalten sollten, damit Sie tatsächlich erfolgreich kommunizieren.
3. Und schließlich gibt es noch ein paar praktische Ratschläge, wie man zur Unterstützung des Referats sinnvoll eine Reihe von Medien einsetzen kann.

Im ersten Kapitel dieses Buches haben Sie einen knappen Einblick in die Praxis der Wissenschaft und in das akademische Leben an der Universität bekommen. Die wichtigste Veranstaltung, in der Sie mit der Wissenschaft in Berührung kommen, ist das Seminar, und hier hat auch das Referat seinen Ort und seine Funktion: Die Wissenschaft (so hieß es im ersten Kapitel) produziert Aussagen, die rational begründet und nachvollziehbar sind und der Überprüfung durch ein kompetentes Fachpublikum standhalten. Es geht also um die methodische Herstellung von Wissen und um seine kritische Überprüfung in der Diskussion. Das Seminar ist der Ort, an dem diese Praxis der Wissenschaft geübt wird, und die Dozentin oder der Dozent leitet die Studierenden zu einem forschenden Lernen an. Es geht hier also zwar auch um Wissensvermittlung, aber nicht in der Form der Präsentation von feststehendem Wissen. Stattdessen geht es um die gemeinsame Diskussion und methodische Überprüfung dieses Wissens.

Wenn Sie diesen Zusammenhang vor Augen haben, können Sie auch die Funktion eines Referats besser verstehen: Es dient nicht dazu, die anderen Studierenden zu belehren und reines Faktenwissen zu vermitteln. Dieses Wissen könnte jeder für sich auch zu Hause durch private Lektüre erwerben oder durch den Besuch einer Vorlesung zum Thema. Wenn das Seminar der Einübung in die kritische Diskussion von Wissen und Methoden dient, dann müssen im Referat die Wissensinhalte eher vergegenwärtigt werden, um anschließend vor allem über ihre methodische Herstellung zu diskutieren. Wenn ein Referat den Teilnehmerinnen und Teilnehmern des Seminars die Informationen und Überlegungen vermittelt, die nötig sind, um darüber kompetent zu diskutieren, dann kann man von einem gelungenen Referat reden. Daraus folgt: Wenn Sie über ein Thema referieren, dürfen Sie nicht nur zum Dozenten oder zur Dozentin sprechen, sondern müssen die gesamte Gruppe im Blick haben. Dabei sprechen Sie über einen speziellen Aspekt, der in den Kontext einer größeren fachlichen Diskussion über das Seminarthema gehört. Sie müssen zwar kompetent sein, aber nicht allwissend.

Wenn Ihr Referat also die Funktion hat, die Seminardiskussion zu unterstützen, dann sollten Sie sich auch an die Diskussionsregeln des Seminars halten. Beachten Sie darum unbedingt die Vorgaben, insbesondere zum zeitlichen Rahmen und zum Referatspapier (mehr dazu unten). Wenn Sie mit einer Gruppe von Studierenden zusammen ein Referat halten, achten Sie darauf, dass die Teile ineinander greifen. Übrigens müssen nicht alle Mitglieder einer Referatsgruppe neben der gemeinsamen Vorbereitung notwendiger Weise auch vortragen (es sei denn, die Dozentin oder der Dozent fordert dies ausdrücklich).

Kennen Sie den Stellenwert Ihres Referats?

Überlegen Sie sich selbst, welche Funktion die Sitzung, in der Sie über ein Thema referieren, im Seminarablauf hat und welche Bedeutung der Gegenstand Ihres Referats dabei hat. Fragen Sie Ihre Dozentin oder Ihren Dozenten am besten in der Sprechstunde einige Wochen vorher, welche Aspekte im Mittelpunkt Ihres Referats stehen sollten (im Idealfall kommen Sie selbst schon mit einem Vorschlag zum Gespräch). Dann können Sie sich gezielt darauf vorbereiten. Fragen Sie auch nach den Vorgaben zum zeitlichen Rahmen und zur Form des Thesenpapiers.

Wenn Sie im Seminar über ein Thema referieren, sprechen Sie zu einer Gruppe von fachlich kompetenten und interessierten Hörerinnen und Hörern. Ihr Referat ist ein Beitrag in einem offenen Diskussionsprozess über eine Sache, und Ihr Ziel muss sein, das gemeinsame Wissen über diese Sache so zu erweitern, dass darüber diskutiert werden kann. – Sie müssen sich allerdings grundsätzlich bewusst sein, dass ein mündlicher Vortrag unter schwierigen Bedingungen stattfindet. Denn beim Hören gehen mehr Informationen verloren als in der schriftlichen Kommunikation: Man kann nicht zurückblättern, um versäumte Informationen noch einmal nachzuschlagen. Und wer einmal den Faden verloren hat, kann Schwierigkeiten haben, wieder Anschluss zu finden und dem weiteren Gang der Argumentation zu folgen. Die Kommunikation wird zudem dadurch erschwert, dass es um komplexe Sachverhalte geht, und dass die Aufmerksamkeit beim Hören schneller nachlässt als beim Lesen. – Das bedeutet, dass Sie sich bei der Vorbereitung nicht nur über den Gegenstand Ihres Vortrags informieren, sondern auch Zeit auf eine ansprechende und eingängige Form Ihrer Präsentation verwenden müssen.

Wenn Sie ein Referat halten, haben Sie sich mit dem Gegenstand Ihres Vortrags vertraut gemacht, Informationen gesammelt, diese Informationen in eine sinnvolle Ordnung gebracht, Argumente recherchiert oder eigene Überlegungen entwickelt, die Sie in einer bestimmten Reihenfolge präsentieren wollen. Sie haben sich Notizen gemacht, damit Sie diese sinnvolle Reihenfolge einhalten und damit Sie sich an die relevanten Punkte erinnern. Sie haben zentrale Formulierungen und wichtige Daten und Begriffsdefinitionen aufgeschrieben, um sie zitieren zu können. Vor Ihnen liegt also ein Stück Papier, und beim Sprechen wird daraus ein Vortrag.

Über dieses Verhältnis zwischen Papier und Vortrag gibt es eine verbreitete Annahme: Der Idealfall sei ein vollkommen frei gehaltener Vortrag. Er soll in jedem Fall besser sein als ein ausformulierter Vortrag, der vom Blatt abgelesen wird. Das gilt aber, genau betrachtet, nicht automatisch: Natürlich kann man sich kaum etwas Langweiligeres vorstellen als einen Vortrag, der leiernd mit monotoner Stimme und gesenktem Kopf abgelesen wird und dessen komplizierte Bandwurmsätze unverständlich bleiben. Aber auch ein freier Vortrag kann langweilen, wenn er konfus oder stockend präsentiert wird. Die freie Rede ohne Manuskript alleine ist also noch keine Garantie für einen guten Vortrag. Worum es stattdessen eigentlich geht, zeigt die Sorge, ein Vortrag könne langweilig sein: Man wünscht sich Vorträge, in denen der oder die Vortragende seine Zuhörerinnen und Zuhörer für sich und sein Thema gewinnt und den Kontakt zu ihnen hält. Dazu scheint ein freier Vortrag, der die Augen des Redners oder der Rednerin nicht auf das Manuskript zwingt, auf den ersten Blick unbedingt besser geeignet zu sein. Aber der gewünschte Kontakt kann auch entstehen, wenn ein Text vorgetragen wird, der präzise und ansprechend formuliert ist und dem oder der Vortragenden ausreichend Gelegenheit bietet, den Kontakt zum Publikum zu halten. – Für beide Vortragssituationen gibt es darum jeweils ein paar wirklich brauchbare Tipps, aber die Grundlage bilden ein paar Hinweise, die für jeden Vortrag gelten.

Allgemein kann man sagen, dass ein guter Vortrag nicht nur inhaltlich überzeugen soll, sondern auch klar formuliert, gut gegliedert, prägnant und eingängig sein muss. Konkreter heißt das:
1. Der Vortrag muss klar und verständlich formuliert sein, die Sätze nicht zu lang oder grammatikalisch zu komplex. Machen Sie die Gliederung so deutlich, dass sie als roter Faden erkennbar bleibt.
2. Ihr Vortrag muss alle wesentlichen Informationen über den behandelten Gegenstand auf konzentriertem Raum enthalten und nicht zu viele Informationen darüber hinaus (wenn sie nichts zur Sache tut: ersparen Sie Ihrem Publikum z.B. die Biographie der Autorin oder des Autors).
3. Und schließlich muss Ihr Vortrag anschaulich formuliert sein, etwa mit Hilfe von gut gewählten Beispielen.

Die beiden wichtigsten Forderungen lauten: Gewinnen Sie die Aufmerksamkeit Ihres Publikums, und vermitteln Sie Ihren Zuhörerinnen und Zuhörern eine gute Orientierung!

1. Dazu brauchen Sie eine knappe *Einleitung*, in der Sie zum Beispiel an vergangene gemeinsame Diskussionen anknüpfen können, oder Interesse wecken, indem Sie eine provokative Überlegung oder ein erklärungsbedürftiges Problem formulieren, vielleicht schon ein prägnantes Beispiel vorführen. In der Einleitung sollten Sie Ihrem Vortrag außerdem eine Perspektive geben, indem Sie eine klare Fragestellung oder ein Erkenntnisinteresse formulieren,

vielleicht eine Hypothese, die im folgenden überprüft werden soll, auf jeden Fall aber sollten Sie sagen, in welche Abschnitte oder besser noch argumentativen Schritte Ihr Vortrag gegliedert ist. Haben Sie keine Angst, hier schon Ergebnisse preiszugeben – schließlich halten Sie einen sachlichen Vortrag und Ihre Zuhörer wollen mitdenken können. Helfen Sie Ihren Zuhörerinnen und Zuhörern also bei der Orientierung.

2. Das gilt auch für den *Hauptteil*: Sagen Sie immer wieder ausdrücklich, an welchem Punkt der Argumentation Sie sich befinden („Damit komme ich zu meinem zweiten Punkt ..."), formulieren Sie Zwischenergebnisse („Bis hierher ..."), scheuen Sie sich nicht, Argumente und auch zentrale Formulierungen zu wiederholen, beziehen Sie sich auf die anfangs formulierte Fragestellung zurück.

3. Am *Schluss* sollten Sie auch zeigen, dass Sie am Ende angekommen sind („Damit komme ich zum Schluss ..."). Fassen Sie Ihre wichtigen Thesen noch einmal zusammen („Ich habe versucht zu zeigen ...") und lassen Sie die Argumente noch einmal Revue passieren. Vielleicht können Sie auch weiterführende Hypothesen wagen oder offene Fragen für die Diskussion schon einmal provisorisch formulieren.

Verfassen Sie Ihr Manuskript (ganz gleich ob in Stichworten oder ausformuliert) immer mit Blick auf die Vortragssituation: Denken Sie an Ihr Publikum und prüfen Sie schon während des Schreibens, an welcher Stelle ein Beispiel besonders gut eingesetzt werden kann. Wenn Sie Ihren Vortrag in Stichpunkten notieren (zum Beispiel auf große Karteikarten), achten Sie auf extreme Übersichtlichkeit und eine klar erkennbare graphische Struktur (Pfeile u.ä.), die auch die Verhältnisse zwischen einzelnen Stichworten deutlich macht. Schreiben Sie groß genug, damit Sie die Freiheit genießen können, die Sie mit einem stichwortartigen Manuskript gewinnen. Wenn Sie Ihren Vortrag dagegen ausformulieren, dann orientieren Sie sich beim Schreiben unbedingt an der gesprochenen Sprache. Bilden Sie kurze einfache Sätze und schreiben Sie im Aktiv. Lesen Sie sich die Sätze schon beim Schreiben vor. Scheuen Sie sich dabei, wie gesagt, nicht vor Wiederholungen und formulieren Sie explizit Ihre Argumentationsschritte aus. Formatieren Sie Ihren Text klar und übersichtlich und so, dass Sie keine Probleme mit der Lesbarkeit haben (lassen Sie genug Rand und wählen Sie einen Zeilenabstand von 1,5 Zeilen; für eine so formatierte Seite braucht man im Vortrag etwa 3 Minuten).

Helfen Sie sich selbst beim Vortrag, indem Sie Ihr Manuskript klar strukturieren:

1. Markieren Sie Sinnabschnitte durch Überschriften, Absätze und Leerzeilen, so dass Sie beim Vortrag sinnvolle Pausen machen, und heben Sie wichtige Passagen auch typographisch hervor (Fett oder Unterstreichung), um sie auch beim Vortrag besonders herauszustellen.
2. Nutzen Sie die Möglichkeiten der Interpunktion: den Doppelpunkt – oder den Gedankenstrich. Sie können im Seminar von Ihrem Vortragsmanuskript natürlich jederzeit spontan abweichen, aber Sie können solche Wechsel in die freie Rede auch von vornherein planen und an ein oder zwei Stellen etwa ein Beispiel im Manuskript nur stichwortartig andeuten, so dass Sie beim Vortrag mindestens an diesen Stellen den Kontakt zu Ihrem Publikum wieder herstellen können.
3. Besondere Aufmerksamkeit verwenden Sie auf den Anfang: In jedem Fall sollten Sie versuchen, einen abrupten Beginn zu vermeiden. Sie signalisieren Ihren Zuhörerinnen und Zuhörern damit, dass es sich nicht mehr um eine normale Kommunikationssituation handelt. Stattdessen können Sie sich eine Anmoderation überlegen, die frei ist, aber einen gleitenden Übergang in das Referat ermöglicht.

Ganz gleich ob man ein ausformuliertes Manuskript oder eines in Stichworten bevorzugt: Man muss natürlich einen Stil finden, mit dem man sich wohlfühlt. Als Beispiel finden Sie hier eine sehr knappe ausformulierte Einleitung zu einem Referat über LUDWIG TIECKS ‚Kunstmärchen' *Der blonde Eckbert*, einen zentralen literarischen Text der Romantik:

> *Es gibt eine These in der Forschungsliteratur zu Ludwig Tiecks Kunstmärchen* **Der blonde Eckbert**, *die lautet: Im Zentrum des Textes steht eine zentrale Denkfigur der Romantik. Es geht, so hat Paul Gerhard Klussmann gesagt, um die Übergänge zwischen dem Gewöhnlichen und dem Wunderbaren, und zwar in beide Richtungen: darum, wie das Gewöhnliche wunderbar wird und das Wunderbare gewöhnlich. Und genau diese letzte Frage (wie man sich an das Wunderbare gewöhnen kann) steht auch im Zentrum eines frühen Aufsatzes von Tieck mit dem Titel* **Über Shakspeare's Behandlung des Wunderbaren**. *Die Entstehungsdaten beider Texte liegen nicht weit auseinander. Und darum liegt es nahe, zu untersuchen, ob der Aufsatz Kriterien bereitstellt, die zum Verständnis des* **Blonden Eckbert** *helfen.*

> *Tiecks Aufsatz handelt von Shakespeares Technik, bei seinem Publikum die Illusion herzustellen, dass das Wunderbare und Märchenhafte in seinen Dramen glaubwürdig und gewöhnlich sei. Der Aufsatz ist also eine illusionstheoretische Abhandlung. Tieck nennt darin insbesondere vier Techniken, die zusammenwirken sollen, damit am Ende der kritische Verstand des Menschen aussetzt. Ich gehe sie zunächst einzeln durch und nenne jeweils eine deutliche Parallele im **Blonden Eckbert**. So lässt sich zeigen, dass die Übereinstimmungen zwischen beiden Texten sehr weit reichen. Aber es gibt auch Unterschiede, auf die ich im zweiten Teil meines Referats eingehen werde.*

So oder so ähnlich könnte eine Einleitung klingen. Die Sätze sollten einfach formuliert sein, Wiederholungen sind nicht nur erlaubt, sondern in der mündlichen Kommunikation sogar notwendig. Auch inhaltlich ist die Struktur klar: Die Zuhörer bekommen einen Eindruck davon, um welche zentrale Frage es geht, welche Texte diskutiert werden und welche Schritte man unternehmen wird.

Halten Sie einen Probevortrag
Tragen Sie sich das Referat, das Sie halten werden, zur Kontrolle selbst einmal laut vor (oder finden Sie Freunde, die freiwillig zuhören). Achten Sie auf Verständlichkeit und darauf, ob Sie die vereinbarte Zeit einhalten. – Es kann gut sein, dass Sie das Manuskript anschließend noch einmal überarbeiten müssen. Darum lassen Sie diesen Arbeitsschritt niemals aus.

Sie können die Wirksamkeit Ihres mündlichen Vortrags noch unterstützen, indem Sie nicht nur mündlich kommunizieren, sondern auch andere Medien nutzen, um Ihre Botschaft zu vermitteln und eine Textgrundlage für die Diskussion zu bieten. In den Sprach- und Literaturwissenschaften geht es oft gar nicht ohne eine solche Textgrundlage. Die bekannteste Form ist das Thesenpapier, das bei fast allen Referaten gefordert wird. Sie sollten aber wissen, dass Sie in dem Moment, in dem Sie ein solches Thesenpapier austeilen, beginnen, mit Ihrem Publikum auf zwei Kanälen zu kommunizieren, und dass Sie darum (abstrakt formuliert) den Informationsfluss auf beiden Kanälen gut koordinieren müssen, wenn Sie einen ansprechenden Vortrag halten wollen. Im Folgenden geht es also (konkret) um die sinnvolle Gestaltung von Thesenpapieren, Folien und PowerPoint-Präsentationen und um ihren geschickten Einsatz im Vortrag.

Die Notwendigkeit, das gesprochene Wort mit dem geschriebenen Wort zu koordinieren, lässt sich zunächst an einem einfachen und alltäglichen Problem verdeutlichen: Häufig muss man im Seminar einen Blick in den Text werfen. Die genaue Form eines Gedichts wird man zum Beispiel kaum analysieren können, wenn man es nur einmal gehört hat. Im Seminar gibt es für solche Fälle normalerweise eine bestimmte Ausgabe als gemeinsame Textgrundlage, auf die man zurückgreifen kann. Wenn Sie nun in Ihrem Beitrag auf eine bestimmte Passage eingehen wollen, werden Ihre Zuhörerinnen und Zuhörer automatisch anfangen zu blättern, denn man will die Stelle, über die Sie sprechen, vor Augen haben, um Ihre Interpretation nachvollziehen und gegebenenfalls präzisieren oder kritisieren zu können. Für die Zeit des Blätterns verlieren Sie einen Teil der Aufmerksamkeit Ihres Publikums – alles, was Sie in dieser Zeit sagen, wird nicht mit voller Konzentration aufgenommen. Wenn also ohnehin geblättert wird: Nennen Sie gleich die Seitenzahl, auf der das Zitat zu finden ist. Nach einem kurzen Augenblick dürften also alle die relevante Passage vor Augen haben, aber Sie können nicht davon ausgehen, dass die entsprechende Stelle sofort auch allen präsent ist und dass man deshalb auf das Vorlesen verzichten kann. Ihre Zuhörerinnen und Zuhörer werden beginnen, den Text selbst kurz zu überfliegen, und Sie genießen wieder nicht die ungeteilte Aufmerksamkeit. Es ist also besser, an zentrale Formulierungen aus der relevanten Passage zu erinnern, indem man sie wenigstens kurz zitiert. – Das alles macht schnell deutlich: Die Kommunikation im Seminar besteht aus Prozessen des Sprechens und Hörens und Lesens, und diese Prozesse sollten möglichst nicht konkurrieren.

1 Handout

Bei einem Referat gibt es die Möglichkeit, ein Papier zu verteilen, das verschieden gestaltet sein kann. Es erfüllt aber im Wesentlichen drei Funktionen: (1.) Es vermittelt einen Überblick über die Gliederung des Vortrags. Ihre Zuhörerinnen und Zuhörer können sich immer durch einen kurzen Blick orientieren, an welchem Punkt Sie sich befinden. Sie sollten in Ihrem Vortrag dann auch entsprechend deutlich signalisieren, wann Sie einen neuen Abschnitt erreicht haben. (2.) Sie können das Material, das Sie für Ihre Argumentation heranziehen wollen, gebündelt und strukturiert präsentieren, so dass niemand mehr blättern muss. Und Sie können (3.) Thesen präsentieren, die Sie vertreten oder über die Sie wenigstens diskutieren wollen (darum der Begriff ,Thesenpapier').

Wenn Sie ein Papier austeilen, muss Ihr Vortrag exakt darauf abgestimmt sein. Denn Ihre Zuhörerinnen und Zuhörer werden versuchen, Ihnen auch auf dem Papier zu folgen. Achten Sie also darauf, dass Überschriften auf Ihrem Papier auch exakt so in Ihrem mündlichen Vortrag wiederzufinden sind. Andernfalls frustrieren Sie Ihr Publikum, das sich bemühen muss, um beides in Einklang zu bringen. Das gleiche gilt für wichtige Zitate: Wenn Sie zentrale Formulierungen auf Ihrem Papier abdrucken und sie in Ihrem Vortrag zitieren, dann achten Sie darauf, dass die Reihenfolge übereinstimmt. Besser noch nummerieren Sie die Zitate, so dass Sie direkt darauf verweisen können. Formatieren Sie das Papier darum auch so übersichtlich wie möglich.

Ein Papier zum oben angedeuteten Referat über TIECKs *Blonden Eckbert* könnte zum Beispiel jeweils Übereinstimmungen zwischen Kunstmärchen und TIECKs Shakespeare-Aufsatz vor Augen führen:

---

*Korrespondenzen zwischen Ludwig Tiecks **Blondem Eckbert** und seinem Aufsatz **Über Shakspear's Behandlung des Wunderbaren***

Mittel zur Illusionsherstellung:

1. Ungebrochenheit der Illusion, dem Gang der Träume analog
„Das machte mit den Birken, die vor dem Fenster rauschten, und mit dem Gesang einer entfernten Nachtigall ein so wunderbares Gemisch, daß es mir immer nicht war, als sei ich erwacht, sondern als fiele ich nur in einen andern, noch seltsamern Traum." (Der blonde Eckbert, S. 11)

2. Gleichbleibend gemilderte Emotionen, Mannigfaltigkeit.
„In einem Augenblicke kam mir die ruhige Einsamkeit so schön vor, dann entzückte mich wieder die Vorstellung einer neuen Welt mit allen ihren wunderbaren Mannigfaltigkeiten." (Der blonde Eckbert, S. 14)

[...]

Ein Thesenpapier im echten Wortsinn ist ein Papier, auf dem Sie Thesen zur Diskussion stellen. Oft ist dabei nicht ausreichend klar, was genau eine ,These' ist. Es gibt eine einfache Gegenüberstellung, die den Unterschied verdeutlichen kann: Es gibt Tatsachenfeststellungen, über die man nicht diskutieren kann. Dass GOETHE sein berühmtes Gedicht *Wandrers Nachtlied* („Über allen Gipfeln ist Ruh'…") mit Bleistift auf die Bretterwand einer Holzhütte auf einem Berg bei Ilmenau geschrieben hat, ist so eine Feststellung. – Anders als über Tatsachenfeststellungen kann man über Thesen durchaus streiten, oder man kann jedenfalls in der Diskussion Gründe angeben, die für oder gegen die Richtigkeit der Behauptung sprechen. Eine (diskutable) These wäre zum Beispiel die Behauptung, dass GOETHES Gedicht ein spontaner und unmittelbarer Ausdruck eines persönlichen Naturerlebnisses gewesen sei und dass sich aus seiner Analyse paradigmatische Erkenntnisse über die Gattung der ‚Erlebnislyrik' ableiten lassen. Solche Thesen können von Ihnen stammen, aber natürlich auch aus der Forschungsliteratur. Wenn Sie eine These formulieren wollen, dann können Sie die Formulierungen nicht auf Stichpunkte reduzieren, denn in Stichpunkten kann man keine Behauptungen aufstellen.

2 Folien und PowerPoint

Natürlich gelten für Folien- oder PowerPoint-Präsentationen grundsätzlich die gleichen Regeln wie für ein Handout, das Sie austeilen. Die Informationen, die Sie hier bieten, müssen exakt mit Ihrem Vortrag abgestimmt sein. Aber es gibt einen wichtigen Unterschied: Bei einem Blatt Papier, das Sie Ihren Zuhörerinnen und Zuhörern vorlegen, haben Sie die Blicke Ihres Publikums natürlich nur in geringem Ausmaß unter Kontrolle. Sobald Sie das Papier austeilen, wird es auch schon überflogen. Wenn Sie dagegen Folien auflegen oder eine PowerPoint-Präsentation zeigen, haben Sie es in der Hand, wann welche Informationen zu sehen sind. Umso mehr Aufmerksamkeit müssen Sie darauf verwenden, was Ihr Publikum in welchem Moment vor Augen haben wird: Was soll Ihr Publikum sehen, wie lange soll die Information zu sehen sein, wann ist der Wechsel zur nächsten Folie nötig?

Solche Wechsel der Folie oder Animationen der PowerPoint-Präsentation müssen an der richtigen Stelle geschehen. Sie sollten den Zeitpunkt darum in Ihrem Manuskript mit einem Zeichen markieren. Eine Grundregel lautet, dass Ihre Hörerinnen und Hörer den Gegenstand der nächsten Folie kennen sollten, bevor Sie sie zeigen. Kündigen Sie also an, was Sie zeigen werden. Während des Wechsels selbst brauchen Sie nicht zu sprechen. Die

Aufmerksamkeit des Publikums richtet sich auf die neue Folie. Sie sollten außerdem nicht zur Wand sprechen, weil Sie von der Folie ablesen (oder vom Overhead-Projektor): PowerPoint kann Handzettel von den gezeigten Präsentationen herstellen, so dass Sie zum Publikum sprechen können und trotzdem exakt wissen, was hinter Ihnen an der Wand zu sehen ist. Und auch von Folien kann man Kopien machen und sie als Vorlage für den Vortrag benutzen.

Weil die Visualisierung von Informationen Ihren mündlichen Vortrag nur unterstützen soll, sollten Sie die graphischen Möglichkeiten, die Ihnen PowerPoint bietet, sparsam und sinnvoll einsetzen. Wählen Sie außerdem eine gut lesbare, klassische Schrift und einen großen Schriftgrad (für den Text etwa 20 Punkt), sorgen Sie für einen guten Kontrast und präsentieren Sie nicht zu viele Informationen pro Folie.

Schreiben

Das folgende Kapitel ist das umfangreichste des ganzen Buches. Es geht um die Frage, wie man eine gute wissenschaftliche Hausarbeit schreibt. Dafür gibt es Kriterien, die grundsätzlich für jede wissenschaftliche Arbeit gelten, wenn auch in je verschiedenem Ausmaß. Das heißt konkret: Am Anfang Ihres Studiums sollen Sie vor allem demonstrieren, dass Sie das Handwerkszeug der Literaturwissenschaft, also Terminologie, Interpretationsverfahren und formale Konventionen, kennen und beherrschen und dass Sie eine wissenschaftliche Fragestellung formulieren und differenziert beantworten können. Im Laufe der Zeit werden die Ansprüche in allen Bereichen steigen, und es kommt noch eine wesentliche neue Anforderung hinzu: Die Ergebnisse, die Sie präsentieren, sollten im Idealfall über das bisher bekannte Wissen hinausgehen. So lautet jedenfalls der Anspruch.

In den folgenden sieben Abschnitten stelle ich Ihnen grundlegende Überlegungen vor, die beim Schreiben einer wissenschaftlichen Hausarbeit hilfreich sind. Ich versuche dabei immer wieder zu sagen, warum die Arbeitstechniken und Konventionen, die sich im Laufe der Zeit etabliert haben, üblich und auch sinnvoll sind. Im Anschluss sollen Sie vor allem aber erfahren, wie Sie praktisch vorgehen können, damit Ihr Text die Anforderungen an eine gute Hausarbeit erfüllt. Am Ende des Kapitels finden Sie zur Sicherheit noch einmal eine Liste mit Bewertungskriterien und eine Übersicht, welche Reihenfolge der Arbeitsschritte zielführend erscheint. Zuvor aber auf einen Blick: die sieben zentralen Anforderungen an eine gute Hausarbeit.

Diese sieben Anforderungen gelten natürlich nicht ohne Grund. Alle tragen auf Ihre Weise zur Qualität einer wissenschaftlichen Hausarbeit bei – selbst scheinbare Nebensächlichkeiten wie formale Vorgaben oder eine gute sprachliche Gestaltung: formale Vorgaben sichern z.B. die Überprüfbarkeit von Zitaten, und klare und deutliche Formulierungen unterstützen die Gedankenführung und präzise Argumentation. – Man kann abstrakt viele Gründe nennen, warum diese Anforderungen sinnvoll sind. Vielleicht ist es für Sie aber auch hilfreich, sich ganz praktisch vorzustellen, was diese Kriterien für Sie konkret bedeuten: In manchen Bereichen geht es vor allem darum, nicht negativ aufzufallen (etwa bei den formalen Vorgaben), in anderen Bereichen können Sie glänzen (etwa durch eine klar formulierte Fragestellung, durch eine differenzierte Argumentation oder durch eine gute Kenntnis der aktuellen Forschung).

1. **Fragestellung**. Um eine gute Hausarbeit zu schreiben, brauchen Sie eine gute, klar definierte Fragestellung, die Sie bearbeiten wollen und die im zeitlichen Rahmen und mit den Mitteln, die Ihnen zur Verfügung stehen, zu bewältigen ist.
2. **Forschungsstand**. Für die Formulierung und Beantwortung einer solchen Fragestellung oder Hypothese müssen Sie den aktuellen Stand der Forschung zu Ihrem Thema kennen.
3. **Sachkenntnis**. Sie müssen die relevanten Quellen und die Methoden kennen, die zur Beantwortung Ihrer Fragestellung nötig sind. Vielleicht können Sie Quellen präsentieren, die im Zusammenhang mit einer bekannten Fragestellung bisher noch nicht berücksichtigt worden sind, oder Sie können mit Hilfe theoretischer Ansätze eine Fragestellung formulieren, die einen Untersuchungsgegenstand neu in den Blick nimmt.
4. **Argumentieren**. Sie müssen Ihre Argumentation Schritt für Schritt entwickeln und vorführen, so dass sie am Ende lückenlos und schlüssig zu einem differenzierten und plausiblen Ergebnis führt.
5. **Belegen und Zitieren**. Dabei müssen Sie alle Ihre Beobachtungen belegen und Ihre Argumentation plastisch vorführen – zum einen, indem Sie Passagen aus den untersuchten literarischen Texten zitieren; zum anderen, indem Sie dokumentieren, was zu den einzelnen Punkten jeweils bisher in der Forschungsliteratur gesagt worden ist. Mit diesen Hinweisen auf die Forschungsliteratur nennen Sie gleichzeitig die Quellen Ihres Wissens.
6. **Terminologie und Stil**. Ihre Hausarbeit muss präzise und korrekt formuliert sein. Verwenden Sie die literaturwissenschaftliche Terminologie zur Formulierung Ihrer Beobachtungen. Achten Sie auf korrekte grammatische Konstruktionen, Orthographie und Zeichensetzung. Schreiben Sie klar und verständlich.
7. **Formalien**. Ihre Hausarbeit muss den geltenden formalen Vorgaben entsprechen, etwa bei der Angabe von Fundstellen aus der Literatur oder mit Blick auf Seitenzahl und Formatierung.

Mit Blick auf die wissenschaftlichen Arbeitstechniken der Germanistik muss eine gute Fragestellung bzw. ein gutes Thema für eine Hausarbeit zwei ganz grundsätzliche Bedingungen erfüllen:

1. Die Untersuchung muss in einem begrenzten Zeitrahmen und mit den Mitteln durchführbar sein, die Ihnen zur Verfügung stehen, seien es nun die Kompetenzen, die Sie im Studium bisher erworben haben, oder seien es die Bibliotheksbestände, die Sie zur Beantwortung Ihrer Fragestellung brauchen.
2. Das Thema sollte ‚interessant' sein. Was das genauer heißt, wird gleich erläutert.

Eine wissenschaftliche Fragestellung ist nicht nur dann wertvoll und gut, wenn sie auf ein umfangreiches und komplexes Problem zielt: Denn natürlich kann auch die Antwort auf eine einfache Fragestellung wissenschaftlich überaus relevant sein. Das heißt für Ihre wissenschaftliche Arbeit: Eine schwierigere Fragestellung führt nicht automatisch auch zu einer besseren Note. Sie können für eine wirklich gut durchgeführte Analyse eines einzelnen Gedichts durchaus eine bessere Note bekommen als für eine Arbeit mit einer sehr ambitionierten Fragestellung oder einem übergroß dimensionierten Untersuchungsgegenstand, die Sie nur schlecht durchführen können, weil Ihnen der nötige Überblick, das nötige Handwerkszeug oder wichtige Hilfsmittel fehlen. Sie sollten darum unbedingt mit Ihrer Dozentin oder Ihrem Dozenten über das Thema Ihrer Hausarbeit sprechen.

Für die Wahl eines ‚interessanten' Themas sind Sie dagegen ganz alleine verantwortlich. Oder besser gesagt: dafür, dass ein Thema interessant wird. – Natürlich kann es sein, dass ein Thema Sie von Anfang an unmittelbar anspricht, aber das ist nicht die Voraussetzung für eine gute Hausarbeit. Sie können sich viele Untersuchungsgegenstände auch so erschließen, dass sie für Sie wissenschaftlich ‚interessant' werden. Ihre Frage muss lauten: Unter welcher Perspektive kann man das Untersuchungsobjekt betrachten, mit welchen Methoden kann man es untersuchen, was kann man daran zeigen? In dem Moment, in dem Sie sagen können, was Sie an Ihrem Thema zeigen wollen, eröffnen sich Ihnen größere Untersuchungsperspektiven. Und es ist gar nicht mehr so relevant, wie stark ihre persönliche Bindung an das Thema ursprünglich war. Stattdessen geht es jetzt um den Willen, mehr über einen Text oder ein Problem zu wissen, im Idealfall sogar Neues herauszufinden.

Über diese zwei Anforderungen an eine gute Fragestellung hinaus gibt es noch zwei weitere Überlegungen, die Ihnen die Themenfindung und den Einstieg in die konkrete Arbeit erleichtern dürften. Die wahrscheinlich wichtigste Überlegung lautet, dass sich ein Thema entwickeln kann. Natürlich müssen Sie effizient mit Ihrem Zeitbudget umgehen und sollten darum möglichst eine klare Fragestellung konzentriert verfolgen, aber Sie werden die genauen Konturen Ihrer Themenstellung sehr wahrscheinlich erst im Verlauf Ihrer Untersuchung entwickeln. Denn je weiter Sie sich einarbeiten, desto kompetenter werden Sie. Im Normalfall stecken Sie mit einer ersten Themenformulierung nur ein Untersuchungsfeld ab und werden im Verlauf Ihrer Lektüre von Text und Forschungsliteratur zu einer brauchbaren Fragestellung oder These kommen. Wenn Sie sich etwa dafür entschieden haben, LUDWIG TIECKS romantisches Kunstmärchen *Der blonde Eckbert* zu untersuchen, wird Ihnen vielleicht beim Lesen auffallen, dass in der Binnengeschichte ein paradiesischer Raum geschildert wird, aus dem die Protagonistin schließlich ausbricht und dabei mindestens einen Diebstahl, vielleicht aber auch einen Mord begeht. Wenn Sie diesen Moment ins Zentrum Ihres Interesses stellen, könnten Sie mit Blick auf den paradiesischen Charakter etwa danach fragen, ob es sich um eine Erzählung vom ‚Sündenfall' handelt, worin dieser ‚Sündenfall' besteht und wo der Gedanke der Rache, der die ganze Erzählung strukturiert, zwischen Theologie und Psychologie angesiedelt ist. Solche Strukturen könnten Ihnen im Laufe Ihrer Lektüre selber auffallen, Sie sollten sich zur Formulierung von Fragestellungen und zu ihrer Präzisierung aber natürlich auch von der Forschungsliteratur anregen lassen. Auf die Frage nach dem Sündenfall in TIECKS Kunstmärchen etwa könnten Sie auch durch einen Aufsatz von JANIS GELLINEK gestoßen sein. Die Forschungsliteratur ist also der andere Faktor, der zur Präzisierung Ihrer Fragestellung beitragen wird.

Eine zweite Überlegung betrifft den Gedanken der Originalität: Sie werden nicht daran gemessen, ob es Ihnen gelingt, aus dem Stand neue Ergebnisse vorzulegen. Das ist – wie gesagt – der Idealfall, aber oft braucht man für eine entsprechende Recherche und die folgenden Überlegungen, die zu neuen Ergebnissen führen würden, mehr Zeit, als Ihnen für eine normale Hausarbeit zur Verfügung steht. Das heißt nicht, dass Sie den Anspruch aufgeben sollten, mit Ihrer Untersuchung die Grenzen des bisher Bekannten zu verschieben, denn darum geht es in der Wissenschaft, und die wissenschaftliche Neugier ist die wichtigste Motivation für Ihre Untersuchung. Aber Sie sollten im Kopf behalten, dass dieser Anspruch ohne Einschränkung erst für eine Doktorarbeit gilt. In den Hausarbeiten, die Sie im Studium schreiben, sollen Sie vor allem zeigen, dass Sie selbständig eine Fragestellung entwickeln und beantworten können. Die Wissenschaftlichkeit besteht darin, dass sie methodisch reflektiert vorgehen und den untersuchten Sachverhalt präzise und vollständig darstellen können. Sie sollen zeigen, dass Sie das nötige Wissen und Handwerkszeug besitzen, um die relevanten Informationen zu finden, plausible Thesen zu formulieren und abschließend eine überzeugende Antwort auf Ihre Fragestellung zu entwickeln. Wenn Ihnen das auf dem begrenzten Raum und in der knappen Zeit gelingt, die Ihnen zur Verfügung stehen, ist das eine beachtliche Leistung. Alles, was darüber hinausgeht, ist hervorragend.

In diesem Abschnitt erfahren Sie, welche Hilfsmittel es gibt, um Forschungsliteratur zu Ihrem Hausarbeitsthema zu finden. Vorher soll aber noch einmal deutlich werden, warum es für eine wissenschaftliche Hausarbeit unbedingt nötig ist, so gründlich wie möglich nach Forschungsliteratur zu suchen. In diesen Zusammenhang gehören auch Hinweise, wie Sie mit der großen Menge der Studien umgehen können, auf die Sie wahrscheinlich stoßen werden, wenn Sie wirklich gründlich und kompetent suchen.

1   Umgang mit der Forschungsliteratur

Wenn Sie gründlich genug recherchieren, werden Sie feststellen, dass fast zu jedem Thema im Laufe der Zeit eine mehr oder weniger große Zahl von Studien veröffentlicht worden ist. Wenn Sie den Eindruck haben, es gebe zu einem Thema gar keine Forschungsliteratur, sollten Sie zuerst an Ihren Recherchefähigkeiten zweifeln und noch einmal suchen, vielleicht auch an entlegeneren Orten und mit spezielleren Hilfsmitteln. Natürlich kann es auch sein, dass Sie tatsächlich ein Thema bearbeiten, das bisher noch keine große Aufmerksamkeit in der Forschung gefunden hat. Aber im Normalfall drehen sich die meisten Hausarbeiten um prominentere Themen und Texte, und dazu gibt es fast immer eine stattliche Zahl von Forschungsbeiträgen, meistens sogar so viele, dass Ihnen die Menge auf den ersten Blick überwältigend erscheint. Diese Menge ist nicht nur aus dem praktischen Grund lästig, dass Sie ein großes Lesepensum bewältigen müssten, um wenigstens einen groben Überblick zu gewinnen. Sie ist auch frustrierend, weil es auf den ersten Blick so scheint, als gebe es kaum noch Raum für eigene neue Erkenntnisse. Dabei lautet der Anspruch der Wissenschaftlichkeit doch, dass immer Neues gesagt werden soll – wie kann man also mit dieser Fülle von Forschungsliteratur umgehen?

Man könnte zum Beispiel eine naive Position vertreten und behaupten, dass es besser wäre, die Lektüre der Forschungsliteratur beim Schreiben der Hausarbeit zunächst ganz zurückzustellen und stattdessen vor allem eine eigene Lesart für einen untersuchten Text zu entwickeln. Es gehe schließlich nicht darum, nur die Meinungen anderer wiederzugeben, sondern vor allem um die eigene Einsicht oder Originalität. – Dagegen steht allerdings der Gedanke, dass eine wissenschaftliche Hausarbeit nicht das eigenständige Textverstehen dokumentiert, sondern mehr noch, ob jemand in der wissenschaftlichen Diskussion eine plausible Position formulieren kann. Wer die vorliegenden Forschungsbeiträge ignoriert, verstößt überdies nicht nur gegen die Regeln wissenschaftlicher Kommunikation, sondern unterschätzt auch die Komplexität des Untersuchungsgegenstands ‚Literatur'. Wer etwa GOTTFRIED AUGUST BÜRGERS *Lenore* untersucht – eine der wichtigsten deutschen Balladen, die den Ausgangspunkt einer neuen Tradition seit dem 18. Jahrhundert bildet – ohne dabei den wichtigen Aufsatz von ALBRECHT SCHÖNE zur Kenntnis zu nehmen, dem wird wahrscheinlich entgehen, dass der Text mit Zitaten aus alten Kirchenliedern gespickt ist, die heute weitgehend unbekannt sind. Bestimmte religiöse Bedeutungsdimensionen des Textes würde man so komplett übersehen.

Und darum ist es vielleicht gerade umgekehrt: ein Glück, dass es so viel Forschungsliteratur gibt. Denn damit ist eine Fülle von Informationen zugänglich. Diese Informationen werden für Ihre Fragestellung natürlich mehr oder weniger relevant sein. Aber jede noch so kleine Erweiterung Ihres Wissens über einen Sachverhalt kann Ihre Untersuchungsergebnisse präzisieren. Die Dichte Ihrer Informationen ist entscheidend für die Qualität Ihrer Untersuchung. Und das gilt nicht nur für Sachinformationen, die Sie der Forschungsliteratur entnehmen, sondern auch für Argumente und Interpretationen, die dort vorgetragen werden. Sie sollen in Ihrer Arbeit nicht nur über Literatur sprechen, sondern Sie müssen auch in den Dialog mit der wissenschaftlichen Forschung eintreten. Sie untersuchen ein Problem und stellen dabei gleichzeitig dar, wie dieses Problem bisher in der wissenschaftlichen Literatur behandelt worden ist. Sie können sich Interpretationen anschließen oder Ihnen mit guten Gründen widersprechen. – In den präsentierten Informationen, Argumenten und Interpretationshypothesen liegt also der zentrale Wert der Forschungsliteratur, und Sie können mit dem Wissen, das Sie sich durch die Lektüre erworben haben, glänzen – dann, wenn es Ihnen gelingt, souverän damit umzugehen und es sinnvoll in Ihre Argumentation einzubinden. Jeder Nachweis in einer Fußnote ist darum potentiell ein Punkt für Sie. Und auch das Literaturverzeichnis am Ende der Arbeit gehört zu den Abschnitten Ihrer Arbeit, mit denen Sie einen guten Eindruck machen können. Denn es dokumentiert nicht nur, wie viel Zeit Sie in die Arbeit investiert haben, sondern ein kompetenter Leser sieht auch schnell, ob die Beiträge genau auf Ihr Thema bezogen sind und ob Sie auch die neuesten Beiträge berücksichtigt haben. Das heißt: Man sieht Ihrem Literaturverzeichnis an, wie gut Sie informiert sind.

Positiv formuliert: Sie können also mit der Kenntnis der Forschungsliteratur punkten. Negativ formuliert: Unkenntnis wird in der Regel ein Nachteil sein. Wie unangenehm wäre es, wenn man selbst mühsam eine Erkenntnis gewonnen und in der Hausarbeit für sich reklamiert hat, nur um später herauszufinden, dass andere schon lange zuvor zu den gleichen Ergebnissen gekommen sind. Oder noch unangenehmer: Wenn das Ergebnis einer Untersuchung einfach falsch ist, weil man schlecht informiert war, und andere Autorinnen und Autoren auf der Grundlage besserer Informationen überzeugendere Argumente formuliert haben, die den eigenen Untersuchungsergebnissen widersprechen.

Man kann also von Glück sagen, dass bereits so viele Informationen gesammelt, so viele Interpretationen erprobt und so viele Argumente vorgebracht worden sind. Wer allerdings den Anspruch ernst nimmt, dass man in der Wissenschaft im Idealfall Neues sagen soll, der wird beim Blick auf die unübersehbare Menge der Forschungsbeiträge schnell frustriert sein. Es ist schon schwer genug, nicht hinter den aktuellen Stand des Wissens zurückzufallen. Aber auch gegen die Frustration, dass sich nichts Neues mehr sagen lässt, gibt es ein einfaches Argument, das man auf zweierlei Weise ausformulieren kann: Erstens ist niemals alles gesagt. Das liegt zum einen daran, dass kaum jemals alle Quellen und Informationen für die Beantwortung einer Fragestellung berücksichtigt worden sein können. Manche Information kann vielleicht ein Detail zum bisherigen Bild hinzufügen, es komplettieren. Mitunter finden Sie auch eine Quelle, die einen Text in einem ganz anderen Licht erscheinen lässt, entdecken eine bisher unbekannte interessante Autorin oder einen interessanten Autor. Oder Sie entwickeln selbst ein neues Argument für oder gegen die herrschende Interpretation eines Textes. Für solche Neuerungen braucht man Findigkeit bei der Recherche, argumentatives Geschick und auch ein wenig Glück. Aber es gibt neben dieser Hoffnung, dass zu manchen Problemen noch nicht alle Details bekannt sind, noch einen zweiten Grund, sich die Entdeckerfreude nicht verderben zu lassen: Es sind auch längst nicht alle Probleme formuliert. Denn die Erkenntnisinteressen der Literaturwissenschaft und die literaturtheoretischen Prämissen ändern sich fortwährend (mit verschiedenen Geschwindigkeiten), und mit ihnen ändern sich auch die Fragen. Mitunter lassen sich bekannte Texte darum unter neuen theoretischen Perspektiven und in anderen Zusammenhängen vollkommen neu verstehen.

2 Systematisch suchen

Damit sollte deutlich geworden sein, warum Sie die wichtige Forschungsliteratur zu Ihrem Thema kennen müssen, wenn Sie eine Hausarbeit schreiben wollen. Und es gibt Hilfsmittel, mit denen Sie diese Forschungsliteratur finden können. Voraussetzung ist dabei immer, dass Sie wissen, nach welchen Schlüsselbegriffen (Autorinnen und Autoren, Titel, spezifische Problemstellung) Sie suchen müssen. Das heißt: Im ersten Schritt geht es darum, möglichst viel Literatur zu finden und breit zu recherchieren, anschließend müssen Sie im zweiten Schritt die relevanten Titel aus Ihren Ergebnissen herausfiltern. Dabei gilt: Je genauer Sie ihre Problemstellung formuliert haben, desto sicherer werden Sie die relevante Literatur finden.

Sorgfältig bibliographieren
Wenn Sie bibliographieren – also die relevanten Titel der Forschungsliteratur zu Ihrem Thema recherchieren und eine Liste erstellen – dann achten Sie unbedingt darauf, dass Sie immer alle notwendigen Angaben aufnehmen (die Schemata finden Sie unten in Abschnitt 4). Wenn man nicht von Anfang an gründlich arbeitet, hat man später Mühe, die nötigen Angaben noch einmal zu recherchieren. Im schlimmsten Fall weiß man nicht einmal mehr, woher ein Text stammt, den man kopiert und zitiert hat. Um das zu vermeiden, gibt es einen einfachen Tipp: Wenn Sie einen Aufsatz oder eine Passage aus einem Buch kopieren, dann kopieren Sie unbedingt auch die Seiten mit den bibliographischen Informationen (Titelseite und folgende oder am Ende des Buches) und heften sie mit ab. Dann haben Sie sie immer in Ihren Unterlagen.

Ein verbreitetes Missverständnis soll gleich zu Beginn ausgeräumt werden: Der Bibliothekskatalog Ihrer Universität ist kein geeignetes Instrument zur Recherche, welche Forschungsbeiträge es zu einem Thema überhaupt gibt. Das hat einen einfachen Grund: Der Katalog ist ein Mittel, um den Bestand einer Bibliothek zugänglich zu machen, er verzeichnet Bücher und Zeitschriften, die am Ort vorhanden sind. Das heißt umgekehrt: Was nicht am Ort ist, sehen Sie hier auch nicht (Sie können aber fast jedes Buch von anderen Orten über die ‚Fernleihe' bestellen, mehr dazu später). Und der Katalog verzeichnet nur ganze Bücher, keine einzelnen Aufsätze aus Zeitschriften und Sammelbänden. Oft gibt es aber überhaupt keine ganzen Bücher zu einem Thema, etwa zu einem einzelnen Gedicht wie Bürgers Ballade *Lenore* oder einem Thema wie dem Vampirismus in Goethes Ballade *Die Braut von Korinth*. Umso wichtiger werden die Aufsätze für Sie und die Möglichkeiten, sie zu finden.

Benutzen Sie darum zur Literatursuche nicht den Bibliothekskatalog, sondern spezielle ‚bibliographische' Hilfsmittel, das heißt geordnete Dokumentationen von Forschungsliteratur, die Ihnen die gesamte Forschungsliteratur (auch die Aufsätze) erschließen. Zur Verdeutlichung: Zu Goethes Gedicht *Wandrers Nachtlied*, einem der berühmtesten deutschsprachigen Gedichte, gibt es zum Beispiel ausnahmsweise tatsächlich einmal ein ganzes Buch aus dem Jahr 1978, das Sie im Bibliothekskatalog finden können, aber auf einem anderen Weg finden Sie mit einem Klick nicht nur diesen einen Treffer, sondern weit über ein Dutzend Aufsätze aus den letzten zwei Jahrzehnten. Es gibt für die deutsche Literaturwissenschaft drei vielbändige Bibliographien, die fortlaufend ergänzt werden. Sie finden Sie in Ihrer Bibliothek, aber es gibt sie auch zumindest teilweise als Datenbanken im Internet, gesammelt in einem Verzeichnis auf der Webseite Ihrer Universitätsbibliothek (vermutlich unter dem Stichwort „elektronische Datenbanken" oder DBIS). Während Sie die gedruckten Bände jahrgangsweise über die Register durchsuchen müssen, können Sie mit der Datenbankversion über den gesamten elektronisch erfassten Zeitraum nach Forschungsliteratur suchen. Daher sollten Sie der Einfachheit halber mit den Datenbanken beginnen und nur, wenn Sie mehr brauchen, die älteren gedruckten Bände der Bibliographien hinzuziehen. Ihre Bibliothek hat für die Datenbanken oft die Nutzungsrechte gekauft. Ist das der Fall, können Sie in der Regel von jedem Computer an der Universität darauf zugreifen. Oft geht das aber auch bequem von zu Hause, wenn es ein ‚Gateway' oder ähnliches gibt (der Zugang bzw. die Installation ist meistens sehr einfach, informieren Sie sich auf der Homepage der Bibliothek oder des universitären Rechenzentrums, oder fragen Sie nach). – Die drei wichtigsten Bibliographien sind:

1. *Bibliographie der deutschen Sprach- und Literaturwissenschaft*
   [BDSL]. Begründet von HANNS W. EPPELSHEIMER, fortgeführt von
   CLEMENS KÖTTELWESCH. Hg. v. WILHELM R. SCHMIDT. Frankfurt/
   Main 1957ff.
   Diese Bibliographie erscheint einmal jährlich, sie beruht auf dem
   Buch- und Zeitschriftenbestand der Sondersammelgebietsbibliothek für Germanistik (der Johann Christian Senckenberg Universitätsbibliothek in Frankfurt am Main). Sie finden in der gedruckten Bibliographie allerdings nicht die aktuellste Literatur,
   sondern in der Regel ist sie zwei Jahre in Verzug. Im Jahr 2007
   ist z.b. der Band mit den Titeln aus dem Jahr 2005 erschienen.
   Weniger im Verzug ist die Online-Fassung der BDSL (www.bdsl-
   online.de). – Vorsicht beim Zugriff von zu Hause: Es gibt einen
   freien Testzugriff, der auf den Zeitraum von 1985 bis 1995 be-
   schränkt ist. Wenn Sie den gesamten Dokumentationszeitraum
   von 1985 bis zur Gegenwart durchsuchen wollen, müssen Sie
   von einem Computer an der Universität zugreifen (oder von zu
   Hause über vpn oder ähnliche Dienste).
2. *MLA International Bibliography of Books and Articles on the
   Modern Languages and Literatures.* New York 1922ff.
   Die Bibliography der Modern Language Association of America
   verzeichnet ebenfalls aktuelle Titel, allerdings aus allen Philo-
   logien und mit Schwerpunkt auf der englischsprachigen Forschung – darum für die Germanistik nicht so umfassend. Auch
   diese Bibliographie gibt es als Datenbank im Internet (hoffentlich) über die Homepage Ihrer Bibliothek, der Nachweis reicht
   hier bis ins Jahr 1926 zurück.
3. *Germanistik. Internationales Referatenorgan mit bibliographischen Hinweisen.* Tübingen 1960ff.
   Die *Germanistik* ist aktueller als die *BDSL*, aber auch weniger
   vollständig. Die Druckausgabe erscheint in der Regel mit einem
   Verzug von eineinhalb Jahren, enthält dafür bei Büchern aber
   auch Kurzrezensionen. Es gibt die Daten der Jahre 1998 bis
   2004 auch auf CD-Rom. Darauf können Sie entweder an bestimmten Computern in der Unibibliothek zugreifen oder über
   Ihren eigenen Rechner zu Hause, wenn Sie ein entsprechendes
   Plug-in installieren (Informationen auf der Homepage Ihrer Bibliothek).

Mit Hilfe dieser drei Bibliographien können Sie Forschungsliteratur zu fast jedem Text oder Problem finden: Probieren Sie es aus!
Es ist unwahrscheinlich, dass eine Suche ergebnislos verläuft. Wenn

Sie zunächst nichts finden, liegt das vermutlich eher daran, dass Sie bestimmte Konventionen nicht beachtet haben. Achten Sie in den Datenbanken darauf, in welchem Suchfeld Sie welche Begriffe eingeben (Autor, Titel, behandeltes Werk, Schlagwort etc.). Und achten Sie auf die Formulierung Ihrer Suchanfrage. In der *MLA Bibliography* müssen Sie ein Sternchen anfügen („novel*"), um zu signalisieren, dass nach der gesuchten Zeichenfolge noch beliebig viele Zeichen stehen können. Im Internetangebot der *BDSL* finden Sie dagegen mit der bloßen Eingabe „novel" automatisch das englische „novel" ebenso wie „Novelle" oder „novellistisch". In der *MLA Bibliography* dürfen Sie außerdem keine Umlaute verwenden. – Solche und ähnliche Dinge müssen Sie berücksichtigen, wenn Ihre Suche Erfolg haben soll. Vieles davon wird sich Ihnen erschließen, wenn Sie das erste Mal mit den Bibliographien und Datenbanken arbeiten (bzw. deren Hilfefunktion aufrufen).

Achten Sie außerdem immer darauf, dass Sie vollständig bibliographieren. Die Informationen, welche Angaben Sie von jedem Titel brauchen, finden Sie unten in Abschnitt 3 (Zitieren und Belegen). Wenn Sie etwa mit den Internet-Datenbanken arbeiten, werden Sie feststellen, dass diese mit einem Abkürzungssystem arbeiten: Ein einzelner Aufsatz aus einem Band mit mehreren Aufsätzen wird nicht mit den vollständigen bibliographischen Angaben des Bandes präsentiert, sondern es gibt einen Verweis auf einen eigenen Eintrag des Sammelbandes, den Sie zusätzlich nachsehen müssen. Es reicht also manchmal nicht, die Daten einfach zu kopieren, so wie man sie findet. Manchmal gibt es eine eigene Exportfunktion, die dafür sorgt, dass die nötigen Angaben im Eintrag enthalten sind.

Neben den drei großen und umfassenden Fachbibliographien sei außerdem noch auf zwei Auswahlbibliographien hingewiesen, die sich dazu eignen, schnell Interpretationen von einzelnen Texten zu finden:
1. HEINER SCHMIDT: *Quellenlexikon zur deutschen Literaturgeschichte. Personal- und Einzelwerkbibliographien der internationalen Sekundärliteratur. 1945–1990 zur deutschen Literatur von den Anfängen bis zur Gegenwart.* 34 Bde. Duisburg 1994–2003.
2. WULF SEGEBRECHT: *Fundbuch der Gedichtinterpretationen.* Paderborn 1997 [Literatur bis 1995]; WULF SEGEBRECHT: *Neues Fundbuch der Gedichtinterpretationen.* Bearbeitet von Christian Rößner. Hannover 2005 [Literatur von 1996 bis 2004].

Darüber hinaus existieren zu vielen Autoren und Autorinnen spezielle Sach- und Personalbibliographien. Zur GOETHE-Forschung gibt es z.b. die *Weimarer Goethe-Bibliographie online* (Literatur seit 1991), eine ältere zweibändige Bibliographie von HANS PYRITZ (Literatur bis 1964), die dreibändige GOETHE-Bibliographie von Siegfried Seifert (Literatur von 1950 bis 1990) und schließlich die *Internationale Bibliographie zur deutschen Klassik* 1750–1850, die seit 1960 jährlich erscheint. Außerdem versucht das ebenfalls jährlich erscheinende *Goethe-Jahrbuch*, die relevante Forschung zu dokumentieren. Solche Hilfsmittel gibt es zu vielen Themen und Autoren. Ob es eine solche Bibliographie auch zu Ihrem Autor oder Ihrer Autorin bzw. zu einem Sachthema gibt, können Sie auf verschiedenen Wegen erfahren: Sie schauen im *Handbuch der bibliographischen Nachschlagewerke* (TOTOK/WEITZEL), 2 Bde. Hg. v. HANS-JÜRGEN UND DAGMAR KERNCHEN. Frankfurt/Main 1985 (natürlich sind dort nur Bibliographien verzeichnet, die es schon seit mindestens zwei Jahrzehnten gibt), bis 1995 gab es auch eine Zeitschrift *Bibliographie der Bibliographien*, in der jahresweise die erschienen Bibliographien verzeichnet wurden. Wenn Sie wissen wollen, ob es eine neuere gedruckte Spezialbibliographie zu einem Thema gibt, können Sie danach im elektronischen Katalog Ihrer Bibliothek oder im Katalog der Sondersammelgebietsbibliothek mit Hilfe der Schlagwörter „Ihr Thema" und „Bibliographie" suchen.

3 Unsystematisch suchen

Grundsätzlich ist das Ziel bei der Suche nach Forschungsliteratur zunächst immer Vollständigkeit. Darum ist es wichtig, systematisch und kontrolliert zu suchen, und dazu sind geordnete Bibliographien, die man komplett und notfalls Band für Band durchsuchen kann, am besten geeignet. Aber natürlich gilt: Auch mehr oder weniger zufällig kann man sehr brauchbare Forschungsliteratur finden. Es gibt dazu auch drei unsystematischere Wege der Suche:

1. Suchen Sie im Internet, um Forschungsliteratur zu finden. Es gibt derzeit drei besonders gute Strategien:
   (a) Eine große Zahl von Fachzeitschriften wird im Internet im Volltext präsentiert. Die Angebote sind meistens kostenpflichtige, und im Idealfall hat Ihre Bibliothek die Nutzungsrechte an den Zeitschriften gekauft. Dann können Sie die Aufsätze als pdf-Dokument lesen bzw. herunterladen. Aber ganz gleich, ob Sie Zugang zu den Dokumenten im Volltext haben oder nicht: Oft

gibt es auf den Seiten der Anbieter eine Suchfunktion, mit der Sie den gesamten Zeitschriftenbestand durchsuchen können. Sie bekommen dann immer noch eine Liste mit den Titeln der Aufsätze, in denen die gesuchten Begriffe vorkommen. Auch das ist oft eine hervorragende Möglichkeit, um Forschungsliteratur zu finden. Zur Zeit werden vor allem englischsprachige Zeitschriften angeboten, aber auch die Zahl der deutschsprachigen Zeitschriften steigt. Einige der wichtigsten Anbieter heißen *Digizeitschriften, Project Muse, JSTOR, IngentaConnect, Kluwer online, Periodicals Archive Online, Cambridge Journals Online, Oxford Journals Online,* etc.

(b) Eine gute Quelle ist darüber hinaus natürlich auch *Google*. Wenn Sie über die normale Suchmaske suchen, geben Sie Schlüsselbegriffe ein, die wissenschaftliche Angebote charakterisieren (Seminar, Bibliographie etc.). Verwenden Sie außerdem Anführungsstriche, um ganze Wortketten zu suchen („etwa so"). Sie können die Suche auf pdf-Dokumente einschränken, so schließen Sie leicht eine große Zahl von schlechten Seiten aus (ergänzen Sie im Suchfeld filetype:pdf). Benutzen Sie außerdem unbedingt *Google Books*. Hier können Sie eine große Zahl von eingescannten Büchern im Volltext durchsuchen. Aus urheberrechtlichen Gründen werden nicht alle Seiten angezeigt, aber Sie erhalten meistens die Seitenzahl und können das Buch in Ihrer Bibliothek ausleihen. Ältere Bücher, die man bei Google für ‚urheberrechtsfrei' hält, können Sie übrigens komplett herunterladen.

(c) Eine dritte Möglichkeit: Nutzen Sie den elektronischen Katalog der Sondersammelgebietsbibliothek als Fachbibliographie für wissenschaftliche Bücher. Seit 1949 gibt es in Deutschland den „Sondersammelgebietsplan" der Deutschen Forschungsgemeinschaft (DFG). Ausgehend von dem Gedanken, dass keine Bibliothek genug Mittel hat, um alle wissenschaftlich relevante Literatur in allen Fächern bereitzustellen, wurden die wissenschaftlichen Fächer auf leistungsfähige Bibliotheken aufgeteilt, welche nun jährlich Geld von der DFG für den Kauf auch abgelegener wissenschaftlicher Literatur bekommen. Für die Germanistik ist dies die Johann Christian Senckenberg Universitätsbibliothek Frankfurt, die auch das Fach *Allgemeine Literaturwissenschaft* betreut. Dort wird auch das Fachportal Germanistik betreut (www.germanistik-im-netz.de). Welche Bibliotheken für weitere Sondersammelgebiete (andere Philologien/andere Geisteswissenschaften) zuständig sind, finden Sie im Internet unter WEBIS. –

Weil die Sondersammelgebietsbibliotheken seit 1949 alles in ihrem Fach kaufen, eignen sich ihre elektronischen Kataloge auch als Fachbibliographien für wissenschaftliche Bücher.

2. Wenn Sie ein Buch kennen, das für Ihre Arbeit wichtig ist, dann suchen Sie es in Ihrer Seminarbibliothek und schauen Sie sich die Bücher rechts und links davon an. Seminarbibliotheken sind in der Regel thematisch sortiert, darum werden Sie z.b. neben einem Buch über GOETHES klassische Lyrik andere Bücher zum selben Thema finden.

3. Wenn Sie schon eine Arbeitsbibliographie haben, dann folgen Sie den Hinweisen, die Sie im aktuellsten Forschungsbeitrag zu Ihrem Thema in den Fußnoten finden. Sie werden auf andere, ältere Forschungsbeiträge stoßen, die in den Fußnoten wiederum andere Forschungsbeiträge zitieren usw. Auf diese Weise kommt ebenfalls eine ansehnliche Liste zusammen (man hat diese Art zu bibliographieren auch ‚Schneeballsystem' genannt). Eine solche Recherche hat den Vorteil, dass Sie jeweils schon ahnen können, was in einem Beitrag stehen wird, denn Sie wissen, in welchem Kontext Sie ihn gefunden haben.

Autorinnen und Autoren der Gegenwartsliteratur
Ein besonderes Problem ist das Werk von Autorinnen und Autoren der Gegenwartsliteratur: Es braucht Zeit (oft einige Jahre), bis die ersten Untersuchungen über aktuelle Texte erscheinen. Vorher finden Sie knappe Informationen meistens schon im Kritischen Lexikon der Gegenwartsliteratur (KLG, genauere Angaben in Kapitel 6). Aber darüber hinaus werden Sie sich häufig vornehmlich auf journalistische Arbeiten in Zeitungen und Zeitschriften stützen müssen – mit Vorsicht natürlich, denn es sind in der Regel deutlich wertende literaturkritische Texte, die nicht mit dem Anspruch auf Wissenschaftlichkeit geschrieben worden sind. Oft lohnt sich dabei der Versuch, den Verlag des Autors oder der Autorin um eine Pressemappe zu bitten, die Kopien von allen Artikel enthält, die der Verlag gesammelt hat. Viele Verlage stellen Ihnen diese Mappe kostenlos zur Verfügung, wenn Sie sagen, dass Sie eine Hausarbeit schreiben. (Das KLG hat auch einen Textdienst, der allerdings kostenpflichtig ist.)

4   Forschungsstand herausfinden

Wenn Sie im ersten Schritt eine umfassende Bibliographie zu Ihrem Thema erarbeitet haben, dann müssen Sie im nächsten Schritt entscheiden, welche Texte besonders aufschlussreich erscheinen und womit Sie beim Lesen beginnen wollen. Das ist nicht zuletzt deshalb

wichtig, weil man in vielen Fällen vor einem Berg mit Forschungsliteratur steht und das Zeitbudget im Studium knapp ist. Bei der Auswahl, die Sie treffen müssen, können Ihnen drei einfache Kriterien
helfen:

1. Beginnen Sie mit demjenigen Text, dessen Titel Ihrer Themenstellung am nächsten kommt.
2. Wählen Sie einen möglichst aktuellen Forschungsbeitrag.
3. Überlegen Sie, welcher Beitrag Ihnen die bestmögliche Orientierung über den aktuellen Forschungsstand bietet. Dessen Kenntnis ist schließlich die Voraussetzung für eine gute Hausarbeit.

Wie findet man den aktuellen Forschungsstand?
Es gibt eine Reihe von Texten, die Ihnen einen Überblick über den aktu-
ellen Forschungsstand vermitteln können, ohne dass Sie selbst erst ein-
mal alle Forschungsbeiträge lesen müssen. Es gibt im Wesentlichen drei
Typen von Texten, die hilfreich sind. Und natürlich gilt dabei: je aktueller
die Publikation, desto besser.
*1. Es gibt dafür eine eigene Textsorte: den **Forschungsbericht**. Wenn Sie bei*
Ihren Recherchen auf einen solchen Titel stoßen, haben Sie Glück gehabt,
dass sich jemand die Mühe gemacht hat, eine solche Bestandsauf-
nahme zu machen. Meistens werden dabei sogar noch Perspektiven für
zukünftige Forschung genannt.
*2. Suchen Sie nach kompletten **Büchern** im Umkreis Ihres Themas: Die*
Wahrscheinlichkeit ist hoch, dass Sie dort im ersten Kapitel oder in
der Einleitung einen Überblick über die bisherige Forschung finden.
Denn wer eine große Untersuchung über ein Thema geschrieben oder
herausgegeben hat, wird in der Regel zu Beginn deutlich machen
wollen, was darin Neues gesagt wird.
*3. Eine dritte Textsorte sind **Lexikon- und Handbucheinträge sowie Inter-***
***pretationsgeschichten in guten Editionen**. Zu besonders prominenten*
Autorinnen und Autoren gibt es oft gute Handbücher (z.B. das Goethe-
Handbuch in fünf Bänden) und zu zentralen Begriffen der Literatur-
wissenschaft ebenfalls. Darin finden Sie häufig einen Überblick über die
Forschungsgeschichte zu bestimmten Werken oder Begriffen (genauere
Hinweise finden Sie in Kapitel 6). Das gleiche gilt für die Editionen: Im
Kommentarteil finden Sie oft eine Geschichte der Deutungsansätze, die
für einen Text im Lauf der Zeit vorgeschlagen worden sind.

5   Literatur beschaffen

Wie man bibliographiert und die Forschungsliteratur zu einem
Thema findet, ist die eine Frage. Wie man dann anschließend tatsächlich an die Texte kommt, ist eine andere Frage: Hier ist das
zentrale Hilfsmittel tatsächlich der Bibliothekskatalog (OPAC).

Recherchieren Sie darin, welche Titel in Ihrer Universitätsbibliothek vorhanden sind. Denken Sie daran, dass der Katalog nur Bücher und Zeitschriften verzeichnet. Einen Aufsatz aus einer Zeitschrift oder Sammlung finden Sie hier also nicht unter dem Autor bzw. der Autorin oder dem Aufsatztitel, sondern unter dem Zeitschriftentitel, dem Titel des Buchs oder dem Namen der Herausgeberin oder des Herausgebers. Hier ein Beispiel für einen Aufsatz aus einem Sammelband (die relevante Angabe, nach der Sie im OPAC suchen müssen, ist kursiv gesetzt): Jürgen Ferner: „O wer lesen könnte!" Heines geschichtsphilosophisches Denken im Kontext von Vor- und Nachmärz. In: *Vormärz – Nachmärz: Bruch oder Kontinuität? Hg. v. Norbert Otto Eke u. Renate Werner.* Bielefeld 2000 (Vormärz-Studien, Bd. 5), S. 185–211.

Wenn ein benötigtes Buch oder eine Zeitschrift nicht in der Universitätsbibliothek vor Ort vorhanden ist, heißt das nicht unbedingt, dass man diesen Forschungsbeitrag vernachlässigen kann. Es gibt nämlich zwei Möglichkeiten, dennoch daran zu kommen:

1. In jeder Universitätsbibliothek besteht die Möglichkeit der Fernleihe. Innerhalb weniger Tage kann man innerhalb Deutschlands fast jedes Buch für einen geringen Betrag (im Durchschnitt etwa 1,50 €) aus einer anderen Bibliothek bekommen. Auch an Aufsatzkopien kommt man auf diese Weise. Die Lieferzeit beträgt in der Regel 3–5 Tage. Informieren Sie sich in Ihrer Bibliothek.

2. Sie können auch einen Dokumentenlieferdienst wie „Subito" über das Internet nutzen. Hier müssen Sie sich als Nutzer registrieren, dann können Sie einen Aufsatz oder ein Buch bei einer bestimmten Bibliothek bestellen. Die Lieferung erfolgt per E-Mail, Fax oder Post direkt an Ihre Privatadresse, und zwar garantiert innerhalb von 72 Stunden oder sogar (wenn Sie eine Eilbestellung aufgegeben haben) innerhalb von 24 Stunden. Die Kosten sind allerdings höher als bei einer normalen Fernleihe, je nach Umfang Ihrer Bestellung bzw. Bestelltyp (Aufsatz oder Buch). Preise und Bestellmöglichkeit finden Sie auf der Webseite von Subito (www.subito-doc.de). – Wenn Sie also einen wichtigen Forschungsbeitrag gefunden haben, können Sie ihn auf jeden Fall bekommen.

Wenn Sie die Forschungsbeiträge bibliographiert, die Texte besorgt, gelesen und durchdacht haben und schließlich auch Ihre Hausarbeit geschrieben ist, fassen Sie die tatsächlich verwendete Literatur am Ende der Arbeit in einem Literaturverzeichnis zusammen. Hier

nehmen Sie genau diejenigen Titel auf, die Sie gelesen und in den Fußnoten zitiert haben. Die Frage, wie viele Titel ein solches Literaturverzeichnis enthalten sollte, lässt sich natürlich nicht in absoluten Zahlen beantworten (obwohl die Frage danach verständlich ist). Die Antwort ist je nach Thema von verschiedenen Faktoren abhängig. Die wichtigsten allgemeinen Kriterien:
1. Wie gut eignet sich die verwendete Literatur zur Beantwortung der Fragestellung?
2. Sind die wichtigsten Forschungsbeiträge aufgenommen worden?
3. Ist die Arbeit auf dem aktuellen Stand der Forschung?
Ein beispielhaftes Literaturverzeichnis finden Sie unten in Abschnitt 6 (Bestandteile einer Hausarbeit).

Im Folgenden geht es um Ihren Umgang mit anderen Texten in Ihrer Hausarbeit: um wörtliche Übernahmen in Form von Zitaten; um sinngemäße Wiedergaben und kritische Diskussionen von Forschungsmeinungen, die nachgewiesen werden müssen; um Verweise auf weiterführende Forschungsliteratur; um die Frage, wie man nachweisen muss, damit man sich nicht dem Verdacht aussetzt, geistigen Diebstahl zu begehen (Plagiate); und um die korrekte Form der bibliographischen Angaben in Fußnoten und Literaturverzeichnis, damit Leserinnen und Leser die Zitate und Verweise überprüfen und den Hinweisen nachgehen können.

1 Zitieren

Zitate stammen entweder aus den untersuchten Texten oder aus der Forschungsliteratur. Im ersten Fall dienen Sie dazu, Ihre Analyse nachvollziehbar zu machen. Sie können nicht erwarten, dass Ihre Leserinnen und Leser den Text bis in jede Einzelheit parat haben oder nachschlagen, sondern Sie müssen Ihre Untersuchung selbst plastisch vorführen. Außerdem können Zitate Ihnen helfen, nicht über ,den Text hinweg' zu schreiben: Wenn man die Zitate in die Argumentation auch sprachlich einbindet (indem man sie einleitet und die eigenen Sätze so baut, dass sie hineinpassen), dann merkt man mit ein wenig Gespür auch, wenn sich der untersuchte Text gegen eine unangemessene Lesart sperrt. Man zitiert aber nicht nur die untersuchten Texte, sondern auch die Forschungsliteratur. Denn Wissenschaft ist ein Diskussionszusammenhang, und

Sie sollen dokumentieren, dass Sie die Beiträge kennen, die zum Thema vorgelegt worden sind. Wenn andere dieselbe Meinung vertreten wie Sie, dann können Sie mit Zitaten aus der Forschungsliteratur oder Verweisen Ihre eigene Argumentation stützen, Sie berufen sich auf Autoritäten, die Sie auf Ihrer Seite haben. Nicht immer ist sich die Forschung einig, und es ist nötig, abweichende Meinungen zu nennen und zu erklären, warum man sie nicht teilt. In diesen Fällen ist es gut, nicht nur die eigene Ablehnung mitzuteilen, sondern es ist fair, die andere Meinung kurz zu skizzieren, vielleicht zu zitieren oder die Argumente knapp zu rekapitulieren – im Anschluss kann man sie dann mit guten Gründen widerlegen.

Nach diesen Überlegungen können Sie sich schon denken, dass die Praxis des Zitierens viel mit Korrektheit zu tun hat: Zitate sind Teile des Materials, über das Sie sprechen, sie haben oft den Status von Beweisen, darum darf an ihnen im Prinzip nichts verändert werden. Sie müssen jedes Zitat also absolut buchstabengetreu wiedergeben und dürfen den Sinn, den es in seinem ursprünglichen Kontext gehabt hat, nicht entstellen. Um letzteres zu verhindern, müssen Sie in jedem Fall die ganze Passage lesen, aus der Sie ein Zitat übernehmen. In Ihrem Text sollten Sie dann versuchen, in äußerster Kürze den Zusammenhang zu skizzieren, in dem es ursprünglich stand. Schneiden Sie das Zitat nicht so zurecht, dass es sich in Ihre Argumentation fügt, sondern bauen Sie Ihre Sätze eher um das Zitat herum. Leiten Sie das Zitat ein und nehmen Sie es anschließend in Ihren Formulierungen wieder auf. Ein Zitat dient nicht zur bloßen Illustration (setzen Sie es also niemals in Klammern einfach hinter Ihren Satz). Kein Zitat spricht für sich selbst, sondern im Zusammenhang Ihrer Argumentation müssen Sie seine Funktion deutlich machen. – Das alles ist leichter gesagt als getan. Aber so sorgen Sie dafür, dass der Sinn des Zitats auch in Ihrem Text gewahrt bleibt, und mit Hilfe solch präziser sprachlicher Arbeit kommt man mitunter auch zu neuen Erkenntnissen, weil man genauer beobachtet. Zur Wissenschaftlichkeit Ihrer Arbeit gehört es außerdem, dass alle Zitate überprüfbar sind. Darum müssen Sie die Herkunft Ihrer Quellen so exakt bezeichnen, dass Ihre Leserinnen und Leser sie problemlos finden können (mehr dazu unten in Abschnitt 4).

Wenn Sie sorgfältig mit Zitaten umgehen wollen, gehören dazu mehrere Dinge: Sie müssen sich vergewissern, dass das Zitat am angegebenen Ort auch tatsächlich so steht. Sie dürfen darum auch niemals aus zweiter Hand zitieren, sich also auf ein Zitat verlassen, so wie Sie es in einem anderen Text zitiert gefunden haben. In einer Einführung in die Literaturwissenschaft steht z.b. verkürzt, dass der französische Philosoph MICHEL FOUCAULT in seinem bekannten Buch *Die Ordnung der Dinge* eine alte chinesische Enzyklopädie zitiere, um eine vollkommen fremde und unverständliche außereuropäische Wissensordnung vorzuführen. FOUCAULT zeige so, dass solche Ordnungen nicht naturgegeben und konstant, sondern willkürlich und veränderlich sind. Wer sich allerdings nicht mit dieser Information aus zweiter Hand begnügt, sondern im Buch von FOUCAULT selbst nachschaut (es ist natürlich nachgewiesen in der Quellenangabe), wird sehen, dass hier gar keine chinesische Enzyklopädie zitiert wird, sondern ein Text des argentinischen Dichters JORGE LUIS BORGES – es geht nicht um eine reale, sondern um eine fiktionale alte chinesische Enzyklopädie. Das ist natürlich etwas völlig anderes. Darum gilt: Sehen Sie immer an den originalen Fundstellen nach, auf die verwiesen wird, damit Sie nicht aus ‚zweiter Hand' zitieren müssen. Wenn es sich einmal partout nicht vermeiden lässt (etwa, weil der zitierte Text selbst mit der größten Anstrengung nicht zu bekommen ist), dann muss man kenntlich machen, dass man aus zweiter Hand zitiert. In der Quellenangabe muss dazu zunächst die originale Fundstelle des Zitats nachgewiesen werden (im genannten Beispiel also FOUCAULTs *Ordnung der Dinge* und die entsprechende Seitenangabe) und danach, angeschlossen mit der Formulierung „zitiert nach" die Quelle, aus der man das Zitat tatsächlich hat (im genannten Beispiel also die Einführung in die Literaturwissenschaft und die Seitenangabe dort). Im Fall von literarischen Quellen ist das Zitieren aus zweiter Hand übrigens vollkommen ausgeschlossen: Verwenden Sie zuverlässige Editionen.

Nach Kriterien der Wissenschaftlichkeit gibt es Texte, die Sie zitieren dürfen (‚zitierfähig'), und andere Texte, die in einer wissenschaftlichen Arbeit nicht am Platz sind: Literarische Texte müssen Sie, wie gesagt, nach zuverlässigen Editionen zitieren (mehr dazu in Kapitel 2: Lesen). Für die zitierte Forschungsliteratur gilt als Faustregel, dass Sie das, was in den Fachbibliographien zu finden ist (BDSL, MLA etc.), sicher zitieren können. Es sind allesamt Texte, die ein gewisses fachliches Niveau nicht unterschreiten und in der wissenschaftlichen Diskussion wahrgenommen werden. Wenn Sie eine Information, die für Ihre Argumentation wichtig ist, aus einer nicht zitierfähigen Quelle haben, gibt es fast immer einen Weg, eine andere, zitierfähige Quelle dafür zu finden, also eine, die den Ansprüchen der Wissenschaftlichkeit genügt: Zitieren Sie nicht den Brockhaus oder andere Konversationslexika, sondern Fachlexika. Zitieren Sie nicht Lektürehilfen für die Schule, literaturkritische oder essayistische Texte, sondern Texte, die wissenschaftlich argumentieren.

Seien Sie vor allem extrem vorsichtig bei Texten aus dem Internet (zitieren Sie nur in begründeten Ausnahmefällen *Wikipedia*). Es gibt auch im Internet natürlich wissenschaftliche Aufsätze, die ursprünglich gedruckt waren (zum Beispiel im *Goethezeit-Portal*) oder direkt für das Internet geschrieben worden sind. Es gibt immer mehr wissenschaftliche Zeitschriften auch über kommerzielle Provider im Internet. Eine knappe Liste mit einigen Anbietern finden Sie oben unter dem Punkt „unsystematische Suche". Aber es gibt auch viele andere Angebote, die nicht wissenschaftlichen Ansprüchen genügen.

Grundsätzlich lautet der wissenschaftliche Anspruch an Ihre Arbeit, dass alle Zitate und inhaltlichen Quellen in den Fußnoten nachgewiesen werden müssen: Das gilt natürlich ausnahmslos für wörtlich übernommene Formulierungen und Passagen, aber auch für alle Beobachtungen, Argumente und Interpretationsideen, die man nur sinngemäß aus der Forschungsliteratur übernimmt. Sie können zwischen Nachweisen wörtlicher Zitate und dem Nachweis von inhaltlichen Quellen Ihrer Darstellung unterscheiden, indem Sie bei Zitaten in der Fußnote lediglich die entsprechende bibliographische Angabe mit der Seitenzahl des Zitats nennen. Inhaltliche Quellen Ihrer Darstellung markieren Sie in der Fußnote dagegen mit „vgl." (vergleiche), was auf alles verweisen kann, was nicht ein direktes Zitat ist.

Wenn man bedenkt, dass man im Idealfall die gesamte Forschung wahrgenommen haben sollte, dann lautet ein skeptischer Einwand, dass vermutlich nach jedem Satz eine Fußnote mit einer Literaturangabe stehen müsste. – Dazu drei Dinge:

1. Aussagen, die banal sind oder zur Allgemeinbildung gehören, müssen natürlich nicht extra nachgewiesen werden. Dass GOETHE im Jahr 1749 geboren wurde und später den erfolgreichen Roman *Die Leiden des jungen Werthers* geschrieben hat, steht zum Beispiel außer Zweifel. In solchen Fällen von gesichertem Wissen können Sie auf einen Nachweis verzichten. Wie groß der Erfolg des Romans allerdings war und was diesen Erfolg begründete, kann man in der Forschungsliteratur genauer nach-

lesen. Wenn Sie Angaben darüber machen, müssen Sie sagen, woher Sie davon wissen.

2. Sie können Dinge, die Sie nachweisen müssen, daran erkennen, dass Sie nach der Lektüre eines Forschungsbeitrages in der Lage sind zu sagen, was der Autor oder die Autorin damit geleistet hat: Er oder sie hat einen Sachverhalt mehr oder weniger überzeugend dargelegt, eine literaturgeschichtliche Entwicklung nachgezeichnet, eine eigene Interpretation vorgeschlagen und andere Forschungsmeinungen widerlegt, vorliegende Thesen präzisiert, auf mehr oder weniger wichtige neue Aspekte hingewiesen und vieles mehr. Das alles sind Leistungen, die Sie durch einen Nachweis anerkennen müssen, wenn sie in Ihrer Argumentation eine Rolle spielen. Umgekehrt gilt übrigens wieder, dass Sie mit einem solchen Nachweis nicht nur die Leistung anderer anerkennen, sondern auch eine eigene Leistung dokumentieren. Denn Sie zeigen, dass Sie sich gründliche Kenntnis der Forschungsliteratur angeeignet haben. Wenn Ihnen für einen Aspekt mehrere mögliche Quellen einfallen: umso besser, nennen Sie alle!

3. Und ein letzter Hinweis: Wenn Sie sich in Ihrer Arbeit über eine längere Passage sinngemäß auf eine Quelle stützen und das mulmige Gefühl haben, eigentlich jeden Satz mit der gleichen Fußnote versehen zu müssen, können Sie sich entlasten, indem Sie zu Beginn Ihrer Darstellung, gleich nach dem ersten Satz, die Quelle nennen und in der Fußnote anzeigen, dass Sie ihr über mehrere Sätze folgen: „Vgl. im folgenden ...“ oder „Das folgende nach ...“. Allerdings: Zu lang sollte man nicht einer einzelnen Informationsquelle folgen, damit die Arbeit nicht zum bloßen Referat wird.

Für das Zitieren selbst gelten einige Regeln, die man konkret benennen kann. Den Beginn und das Ende eines Zitats kennzeichnet man durch doppelte Anführungszeichen („Zitat“). Möglich sind dabei auch französische Anführungszeichen (»Zitat«), aber nicht spitze Klammern (>Zitat<). Wenn Sie eine Passage zitieren, in der selbst etwas in doppelten Anführungszeichen wiedergegeben wird, dann werden diese doppelten Anführungszeichen in Ihrem Zitat zu einfachen („Zitat ‚Zitat im Zitat' Zitat“, oder mit französischen Anführungszeichen: »Zitat ›Zitat im Zitat‹ Zitat«). Wenn Sie längere Passagen zitieren, formatieren Sie sie eingerückt in kleinerer Schriftgröße und einzeilig. Solche eingerückten längeren Zitate muss man nicht mehr eigens durch Anführungszeichen markieren, denn sie sind ohne weiteres als Zitate erkennbar (und entsprechend ist auch der erwähnte Wechsel von doppelten zu einfachen Anführungszeichen für das Zitat im Zitat dann unnötig):

> *Zitat Zitat Zitat Zitat Zitat Zitat „Zitat im Zitat" Zitat Zitat Zitat Zitat Zitat Zitat Zitat Zitat Zitat Zitat Zitat Zitat Zitat Zitat Zitat Zitat Zitat Zitat.*

Wenn Sie eine Passage oder eine Formulierung auf diese Weise als Zitat markiert haben, muss sie bis in jede Einzelheit exakt mit dem Original übereinstimmen. Das gilt für jedes Wort, jeden Buchstaben, jedes Komma, sogar Fehler im Original muss man übernehmen. – Aber manchmal kann es auch nötig sein, den exakten Wortlaut eines Zitats zu ändern. Manche Sätze muss man kürzen, weil sie zu lang sind oder Informationen enthalten, die für die eigene Argumentation nicht relevant sind. Es kann auch sein, dass man Zitate elegant in die eigenen Sätze einbinden will und sie darum grammatikalisch anpassen muss. Bei jeder Änderung müssen Sie sich aber fragen, ob damit der Sinn des Zitats verändert wird. Und damit Ihre Leserinnen und Leser Ihre Änderungen sehen können, müssen Sie ausnahmslos jede Änderung markieren. Dazu gibt es zwei Mittel: eckige Klammern und drei Punkte. Auslassungen werden durch drei Punkte in eckigen Klammern markiert („[...]", für die drei Punkte gibt es ein eigenes Sonderzeichen in Word). Durch die Auslassungszeichen dürfen Sie allerdings nicht beliebig lange Passagen überspringen, Sie sollten in keinem Fall mehr als einige Zeilen auslassen. Die Formulierungen, die Sie als Zitate präsentieren, müssen schließlich auch im ursprünglichen Text einen Zusammenhang haben. Umstellungen des Wortlauts zur Integration des Zitats in den eigenen Text muss man ebenfalls durch eckige Klammern kennzeichnen. Zum Beispiel:

> *Original*
> *„Eine **Ästhetik des Horrors**, die es ernst meint, die nicht nach der verborgenen Schönheit auch häßlicher Gegenstände fragt, sondern nach den Attraktionen des Häßlichen selbst, muß ihrerseits Phänomene ernst nehmen, die bislang nur beiläufig unter dem Titel der ‚nicht mehr schönen Künste' in den Blick genommen, in ihrer verwirrenden Vielfalt und Fülle und Widersprüchlichkeit aber bis heute weder historisch noch systematisch untersucht wurde."*
> *(HANS RICHARD BRITTNACHER: Ästhetik des Horrors. Gespenster, Vampire, Teufel und künstliche Menschen in der phantastischen Literatur. Frankfurt/Main 1994, S. 7)*

> **Zitat**
> Hans Richard Brittnacher fordert in der Vorbemerkung seiner Studie über die **Ästhetik des Horrors**, „nicht nach der verborgenen Schönheit auch häßlicher Gegenstände [...] [zu fragen], sondern nach den Attraktionen des Häßlichen selbst [...]." (BRITTNACHER: Ästhetik des Horrors, S. 7).

Manchmal ist es auch nötig, das Zitat grammatikalisch anzupassen, indem Sie die Flexion ändern. Die herrschende Ansicht ist, dass auch hier jede Änderung markiert werden muss. Ergänzungen werden dann ebenfalls in eckigen Klammern angezeigt, Auslassungen durch zwei bloße eckige Klammern ohne Leerzeichen: []. Mit dem Material aus dem genannten Beispiel könnte man etwa formulieren:

> **Eingebundenes Zitat**
> Brittnachers Interesse ist nicht auf „d[ie] verborgene[] Schönheit auch häßlicher Gegenstände" gerichtet, sondern auf die „Attraktionen des Häßlichen selbst". (BRITTNACHER: Ästhetik des Horrors, S. 7).

Sie dürfen Zitate also auch ändern, wenn Sie die Änderungen markieren und dabei den ursprünglichen Sinn des Zitats unangetastet lassen. – Aber: Versuchen Sie, solche Modifikationen des exakten Wortlauts besser durch geschickte Formulierung Ihres eigenen Textes zu vermeiden. Das gilt insbesondere bei Zitaten aus dem untersuchten Text: Je seltener Änderungen nötig sind, desto besser!

Typographische Hervorhebungen sind etwas weniger problematisch, weil sie nichts am Wortlaut verändern (typographisch ist Kursive besser als Unterstreichungen oder Fettdruck). Wenn solche Hervorhebungen schon im Original vorkommen, schreibt man in der Fußnote nach dem Nachweis: „Hervorhebung im Original". Sie dürfen eine Formulierung aber auch selbst graphisch hervorheben, wenn sie eine prominente Stellung in Ihrer Argumentation einnimmt. Auch solche Hervorhebungen müssen Sie explizit markieren. Schreiben Sie in der Fußnote nach dem Nachweis z.B.: „Meine Hervorhebung" oder „Hervorhebung x.y." (Ihre Initialen). Aber: Noch eleganter und besser ist es, wenn Sie vor oder nach dem Zitat explizit formulieren, warum Sie ein Wort oder eine Phrase für besonders wichtig halten. Dann brauchen Sie es auch nicht graphisch hervorzuheben – und Sie erhöhen zugleich fast automatisch den Aussagewert Ihres Textes.

Wenn Sie einen literarischen Text zitieren, der im Original in einer Fremdsprache erschienen ist, sollten Sie ihn auch in dieser Fremdsprache zitieren (nach einer zuverlässigen Werkausgabe). Das gilt auch für die Forschungsliteratur: Es gibt hervorragende wissenschaftliche Studien in anderen Sprachen. Wenn Sie daraus zitieren, bleiben die Zitate in der Fremdsprache, Sie müssen sie nicht übersetzen. Nur wenn es sich um eine Fremdsprache handelt, von der Sie nicht sicher annehmen können, dass man sie jeder Leserin und jedem Leser zumuten kann, übersetzen Sie sie oder verwenden Sie eine gute Übersetzung (die Sie wieder korrekt zitieren müssen). Bei Zitaten aus untersuchten Texten sollten Sie überlegen, ob nicht doch das fremdsprachige Original im Haupttext Ihrer Arbeit stehen sollte. Sie können dem Leser die Lektüre erleichtern, indem Sie das Zitat gut einleiten und damit die Lektüre lenken. Wenn Sie im Haupttext eine Übersetzung zitieren, sollten Sie in der Fußnote auch den Originaltext aus einer zuverlässigen Ausgabe abdrucken.

Und schließlich: Fehler aus dem Original müssen Sie ebenfalls exakt übernehmen, aber Sie sollten sich dann von dem Verdacht befreien, falsch abgetippt zu haben, indem Sie durch „[!]" oder „[sic!]" (lat. tatsächlich so) markieren, dass der zitierte Fehler wirklich im Original steht. Dabei geht es allerdings nur um echte Fehler. Sie müssen nicht alle Abweichungen von der heutigen Orthographie auf diese Weise markieren. Ältere Texte sind noch nach anderen orthographischen Konventionen geschrieben, „thun" oder „seyn" und ähnliche Schreibungen sind also keine Fehler, man übernimmt sie exakt, ohne besondere Rechtfertigung. Das Gleiche gilt übrigens auch für Texte in der alten Rechtschreibung vor der letzten Rechtschreibreform („Schluß" statt „Schluss").

2 Belegen

Fußnoten zu setzen ist einfach (fast immer gibt es dafür eine eigene Tastenkombination, in Word z.B. Strg+Alt+F). Sie werden automatisch durchlaufend nummeriert. Die hochgestellte Ziffer setzt man im Haupttext hinter das Satzzeichen nach dem Teilsatz, auf den sich der Nachweis bezieht. Bei Zitaten steht die Fußnote direkt hinter dem Anführungszeichen, mit dem das Zitat abgeschlossen wird. Wenn das Zitat am Ende Ihres Satzes steht, können Sie es aus ästhetischen Gründen leicht so einrichten, dass das Zitats auch mit einem Punkt abschließt („Zitat [...].“). Der Text in der Fußnote selbst beginnt wie ein Satz mit einem Großbuchstaben und endet mit einem Punkt. Das gilt selbst dann, wenn z.B. das erste Zeichen der Fußnote ein Namensbestandteil ist, der konventionell klein geschrieben wird, wie ein „von".

Nachweise von Zitaten und inhaltlichen Quellen müssen exakt sein. Man nennt in der Fußnote die komplette bibliographische Angabe der Quelle. Anders als im Literaturverzeichnis, in dem die Einträge für die alphabetische Ordnung als *Nachname, Vorname* erscheinen, schreiben Sie hier einen Fließtext, in dem man besser die geläufige Form wählt: *Vorname Nachname* (ohne Abkürzung des Vornamens). Sie müssen beim Nachweis eines Zitats oder einer inhaltlichen Quelle außerdem die exakte Seitenzahl angeben, auf der die Formulierung oder die Information im Original zu finden ist. Wenn es sich dabei um zwei aufeinanderfolgende Seiten handelt, gibt man „f." (folgende) an (S. 5–6 wird zu S. 5f.). Wenn es sich um eine längerer Passage über mehrere Seiten handelt, gibt man präzise die Seitenzahlen an (z.B. S. 5–12). Die Angabe „ff." (fortfolgende, z.B. S. 5ff.) wird kaum noch verwendet. Die präzise Angabe hilft Ihren Leserinnen und Lesern einzuschätzen, wie umfangreich die verwendete Quelle ist und ob es sich gegebenenfalls lohnt nachzuschauen.

Damit der Fußnotenapparat aber nicht unnötig aufgebläht wird, nennt man nur beim ersten Nachweis die komplette bibliographische Angabe. Für den häufigen Fall, dass Sie bei diesem ersten Zitat auch schon auf eine konkrete Seitenzahl verweisen wollen, setzen Sie am Ende ein Komma und schließen an: „hier S. #" oder „…, Zitat S. #". Danach wählt man Abkürzungen. Dabei gibt es zwei Möglichkeiten:
1. Nach der ersten ausführlichen Nennung einer bibliographischen Angabe können Sie in allen folgenden Fußnoten einen Kurztitel verwenden, der nur noch aus dem Nachnamen des Autors oder der Autorin, einem abgekürzten eindeutigen Titel des Aufsatzes oder Buches und der Seitenzahl besteht (z.B. Brittnacher: Ästhetik des Horrors, S. 17). Das geht auch bei mehrbändigen Werken: Nachname: Kurztitel, Titel der Gesamtausgabe Bd. #, S. #. Ihre Leserinnen und Leser können mit dem Kurztitel nach der ersten Nennung des vollen Titels etwas anfangen, aber sie können ihn auch auflösen, indem Sie im Literaturverzeichnis am Ende Ihrer Arbeit nachsehen.
2. Eine zweite Möglichkeit für eine abgekürzte Quellenangabe ist die Beschränkung auf Nachname und Jahreszahl (Brittnacher

1994, S. 17). Auch hier können Ihre Leserinnen und Leser die Angabe auflösen, indem sie im Literaturverzeichnis nachschauen. Wenn ein Autor oder eine Autorin mehrere Beiträge im selben Jahr veröffentlicht hat, kann man sie durch Buchstaben unterscheiden (Brittnacher 1994a, Brittnacher 1994b) in der Reihenfolge, wie die Titel im Literaturverzeichnis erscheinen. Am besten nimmt man die Angabe auch im Literaturverzeichnis auf: Brittnacher, Hans Richard [1994a]: Ästhetik des Horrors Gespenster, Vampire, Teufel und künstliche Menschen in der phantastischen Literatur. Frankfurt/Main 1994.

Wenn Sie unmittelbar hintereinander in einer Fußnote oder in mehreren Fußnoten auf dieselbe Quelle verweisen und der Bezug eindeutig ist, genügt als Nachweis „Ebd." (Ebenda, die entsprechende altertümliche lateinische Abkürzung lautet „ibid." – für ibidem). Wenn Sie beim zweiten Nachweis auf andere Seiten verweisen, müssen die relevanten Seitenzahlen genannt werden („Ebd., S. #"). Die Abkürzung „a.a.O." bedeutet ‚am angegebenen Ort' und besagt nur, dass die nötige bibliographische Angabe in einer der vorhergehenden Fußnoten schon einmal aufgetaucht ist. Weil man danach nicht präzise weiß, wo man sie findet, ist „a.a.O." nicht wirklich hilfreich. Sie wird inzwischen kaum noch verwendet.

Wenn Sie einen Text untersuchen und ihn öfter zitieren müssen, kann es ökonomisch sein, eine Sigle (Abkürzung durch Buchstaben) einzuführen, etwa „EB" für *Effi Briest*. Das tun Sie, indem Sie bei der ersten Nennung die vollständige bibliographische Angabe machen und anschließend die Sigle nennen, z.B. Theodor Fontane: Effi Briest. Hg. v. Christine Hehle. Berlin u. Weimar 1998 (Theodor Fontane: Große Brandenburger Ausgabe. Hg. v. Gotthard Erler. Das erzählerische Werk, Bd. 15); im Folgenden zitiert als EB. Alle weiteren Zitate aus diesem Text können Sie mit dieser Sigle nun im Haupttext in Klammern nach dem Zitat nachweisen, z.B. „das ist ein zu weites Feld" (EB, S. 350). Sie sollten die Sigle(n) dann außerdem in einem eigenen Verzeichnis am Ende der Arbeit noch einmal auflösen.

Wenn Sie mehrere Verse aus einem Gedicht, einem Drama oder einem Epos zitieren wollen, tun Sie das möglichst, indem Sie sie eingerückt zitieren (s.o.) und dabei die Versgrenze respektieren. Ausgelassene Verse markieren Sie durch eine Zeile, in der nur die Auslassung angezeigt wird ([…]). Wenn Sie Verse im fortlaufenden

Haupttext zitieren wollen, wird die Versgrenze in Zitaten durch „[/]" oder „|" markiert („Spude [sic!] dich, Kronos! | Fort den rasselnden Trott!"). Geben Sie bei Verszitaten, wenn es eine Zählung gibt, immer die Verszahl an, nicht nur die Seitenzahl, und zitieren Sie auch als Verse (V., Plural: Vv.), nicht als Zeile (Z.).

Es gibt neben direkten Nachweisen von Zitaten und Angaben von inhaltlichen Quellen noch eine weitere Funktion von Fußnoten: Sie können hier auch Hinweise auf weiterführende Literatur geben. Damit zeigen Sie, dass Sie sich gut in der Forschung auskennen und wissen, wo man mehr Informationen finden würde. Die Fußnote beginnt in diesem Fall mit einer Aufforderung an die Leserin oder den Leser, bei Interesse oder Informationsbedarf die folgenden Titel zu Rate zu ziehen: „Vgl. ...", „So auch ..." oder „Siehe ...". Sie können darüber hinaus auch zusätzliche Überlegungen, die in Ihrer Untersuchung zur Beantwortung der zentralen Fragestellung nicht nötig wären, in den Fußnoten unterbringen. Gehen Sie aber sparsam mit dieser Möglichkeit um: Auf der stringenten Argumentation im Haupttext sollte Ihr Hauptaugenmerk liegen. Und achten Sie darauf, dass Sie in den Fußnoten keine Informationen geben, die so wichtig sind, dass sie eigentlich in den Haupttext gehören.

3 Plagiate

Plagiate sind bewusste Übernahmen von fremden Formulierungen oder Gedanken, ohne dass die Quelle dafür genannt würde. Metaphorisch könnte man sagen, dass Plagiatoren sich mit fremden Federn schmücken. Deutlicher kann man formulieren: Ein Plagiat ist geistiger Diebstahl. Und solche Plagiate gibt es natürlich auch unter Studierenden. Es erscheint verlockend, sich im Studium die Mühe zu erleichtern und Passagen für eine Hausarbeit – anstatt sie umständlich selbst zu formulieren – aus einem Buch oder einem Aufsatz abzuschreiben. Man könnte polemisch sagen, dass man die übernommene Passage ja ohnehin nur umformulieren würde. Man kann natürlich auch eine ganze Hausarbeit aus dem Internet laden. Man muss anschließend nur noch das Titelblatt ändern und die Arbeit abgeben. Allerdings werden Plagiate immer riskanter, weil die Möglichkeiten der Aufklärung immer besser werden, gleichzeitig wird die Strafandrohung immer schärfer.

Die Frage, wann überhaupt etwas ein Plagiat ist und wann nicht, erscheint allerdings manchmal als Gratwanderung. Denn es gibt viele Möglichkeiten, mit einer Vorlage umzugehen. Sie lassen sich am besten an einem Beispiel vorführen. Im Folgenden finden Sie fünf Varianten. Ich erkläre jeweils am Ende, ob der Vorwurf des Plagiats gerechtfertigt wäre – und wenn ja: warum.

Originalzitat
„Das Plagiat – ursprünglich ‚Menschenraub‘ bedeutend – zählt zu den klassischen Phänomenen des gelehrten Betrugs. Jakob Thomasius (1622–1684) hat ihm unter dem Titel *De plagio litterario* 1673 eine einflußreiche Dissertation gewidmet, in der er an die zweihundert entsprechende Beispielfälle aufgelistet hat. Das Plagiat wird dabei nicht als *furtum*, als Diebstahl, sondern als *mendacium*, als Lüge begriffen. Erst mit der etwa ein Jahrhundert später einsetzenden Einführung eines juristisch verbindlichen Urheberrechts konnte das Plagiat als Diebstahl begriffen werden." (Marian Füssel: ‚Charlataneria Eruditorum‘. Zur sozialen Semantik des gelehrten Betrugs im 17. und 18. Jahrhundert. In: Berichte zur Wissenschaftsgeschichte 27 (2004), S. 119–135, Zitat S. 123).

1. Version
Das Plagiat – ursprünglich ‚Menschenraub‘ bedeutend – zählt zu den klassischen Phänomenen des gelehrten Betrugs. Jakob Thomasius (1622–1684) hat ihm unter dem Titel *De plagio litterario* 1673 eine einflußreiche Dissertation gewidmet, in der er an die zweihundert entsprechende Beispielfälle aufgelistet hat.
Plagiat: Das ist ein wörtliches Zitat ohne Anführungszeichen und Quellenangabe.

2. Version
Das Plagiat – ursprünglich ‚Menschenraub‘ bedeutend – zählt zu den klassischen Phänomenen des gelehrten Betrugs. Jakob Thomasius (1622–1684) hat ihm unter dem Titel *De plagio litterario* 1673 eine einflußreiche Dissertation gewidmet, in der er an die zweihundert entsprechende Beispielfälle aufgelistet hat. (Füssel: ‚Charlataneria Eruditorum‘, S. 123).
Plagiat: Jetzt ist die Quelle zwar angegeben, aber noch immer fehlen die Anführungszeichen, um die Übernahme als Zitat zu kennzeichnen. Der bloße Verweis lässt offen, wie er zu verstehen sein soll – er erweckt den Anschein, dass es sich um eine sinngemäße Wiedergabe handelt.

3. Version

Das Plagiat (ursprünglich ‚Menschenraub') zählt zu den klassischen Phänomenen des gelehrten Betrugs. Jakob Thomasius hat ihm eine eigene Dissertation gewidmet, in der er an die zweihundert entsprechende Beispielfälle aufgelistet. Er begreift es nicht als Diebstahl, sondern als Lüge. Erst mit der Einführung eines juristisch verbindlichen Urheberrechts konnte das Plagiat als Diebstahl eingeordnet werden.
Plagiat: Es ist erkennbar noch immer der Text des Originals. Nur einige Wörter wurden ersetzt, andere gestrichen. Es fehlt die Quellenangabe – aber man kann bei einem so nachlässigen Umgang auch keine sinnvolle Angabe machen, denn es ist kein Zitat, aber auch keine sinngemäße Wiedergabe.

4. Version

„Das Plagiat – ursprünglich ‚Menschenraub' bedeutend – zählt zu den klassischen Phänomenen des gelehrten Betrugs. Jakob Thomasius (1622–1684) hat ihm unter dem Titel *De plagio litterario* 1673 eine einflußreiche Dissertation gewidmet, in der er an die zweihundert entsprechende Beispielfälle aufgelistet hat." (Füssel: ‚Charlataneria Eruditorum', S. 123).
Kein Plagiat: Das Zitat ist durch Anführungszeichen markiert, die Quelle ist in Klammern angegeben.

5. Version

Es gibt viele Plagiatsfälle im Feld der frühneuzeitlichen Gelehrsamkeit, das Plagiat „zählt zu den klassischen Phänomenen des gelehrten Betrugs". (Füssel: ‚Charlataneria Eruditorum', S. 123) Ein Indiz für seine Häufigkeit ist die Liste mit zweihundert Fällen, die Jakob Thomasius in seiner Schrift *De plagio litterario* präsentiert. Dabei wird der Normverstoß hier noch unter dem ethischen Begriff der Lüge diskutiert und nicht, wie später im 18. Jahrhundert, unter dem juristischen Begriff des Diebstahls (vgl. ebd.).
Kein Plagiat: Das Zitat ist korrekt durch Anführungszeichen markiert und nachgewiesen. Auch für die folgende paraphrasierende Wiedergabe ist die Quelle der Information genannt.

Ein Plagiat ist eigentlich ein vorsätzlicher geistiger Diebstahl, aber auch durch bloße Nachlässigkeit kann ungewollt der Eindruck entstehen, man habe nicht den nötigen Respekt vor der Leistung anderer. Der Leser oder die Leserin einer Hausarbeit kann anschließend nicht entscheiden, ob man bewusst gegen die Regeln verstoßen hat oder ob nur durch mangelnde Sorgfalt ein falscher Eindruck entstanden ist. Darum ist es wichtig, alles zu unternehmen, damit der Eindruck gar nicht erst entstehen kann. Es gibt dazu nur zwei banale Möglichkeiten, die sich verbinden lassen:

1. Wenn Sie sich einen Satz aus einem Forschungsbeitrag abschreiben, markieren Sie ihn immer gleich als Zitat und notieren Sie sofort auch die genaue Quellenangabe inklusive Seitenzahl. Was man nicht gleich notiert, wird man später nur mit Mühe wiederfinden.

2. Das gleiche gilt für inhaltliche Informationen und Argumente: Markieren Sie auch hier die Herkunft mit Seitenangabe.

Am besten ist es, wenn Sie (1.) und (2.) verbinden: Exzerpieren Sie die Forschungsbeiträge, die Sie lesen. Dazu können Sie zum Beispiel ein eigenes Dokument anlegen, schreiben Sie als Überschrift die exakte bibliographische Angabe. Darunter fassen Sie auf einer Seite den Beitrag zusammen, nennen die wichtigsten Thesen, wichtige Beobachtungen, Argumentationsschritte etc. und dahinter jeweils in Klammern die Seitenzahl, auf der sie zu finden sind. Sie können den Text in eigenen Worten formulieren (Seitenzahlen, wo die Information zu finden ist, Seitenwechsel markieren), sie können aber auch prägnante Zitate übernehmen (mit Seitenzahlen, am besten nur in ganzen Sätzen, weil das später Ihr Material sein wird, mit dem Sie arbeiten werden). Eigene weiterführende Beobachtungen oder Kritik markieren Sie kursiv. So können Sie am Ende die Herkunft aller Informationen und Zitate genau verfolgen. Diese Technik hat außerdem den positiven Effekt, dass Sie bereits während der Lektüre von Forschungsliteratur beginnen, selbst zu schreiben.

Wenn Sie etwas zitieren, auf etwas verweisen oder am Ende Ihrer Arbeit ein Verzeichnis der verwendeten Literatur zusammenstellen, müssen Sie Angaben machen, die es Ihren Leserinnen und Lesern zuverlässig ermöglichen, die Quellen für Ihre Zitate und Verweise zu finden. Diese ‚bibliographischen Angaben' müssen Sie in eine Form bringen und diese Form konsequent durchhalten. Manche Angaben sind dafür sachlich absolut notwendig, die Anordnung ist dagegen willkürlich gesetzt, etwa ob man Ort, Verlag und Jahr angibt (z.B. Tübingen: Niemeyer 2000) oder ob Ort und Jahr reichen (z.b. Tübingen 2000). – Selbst wenn Ihnen die Forderung nach strenger Umsetzung aller formalen Anforderungen übertrieben erscheint: Sie müssen sich konsequent nach einem System richten (auch Ihre Dozentinnen und Dozenten müssen sich bei einer Veröffentlichung an die jeweils gesetzten Konventionen der Zeitschrift oder des Verlages halten).

Formale Vorgaben von Ihrer Dozentin oder Ihrem Dozenten
Bevor Sie mit Ihrer Arbeit und der Literaturrecherche beginnen, fragen Sie auf jeden Fall Ihre Dozentin oder Ihren Dozenten, welche Form der bibliographischen Angaben gelten soll. Nicht immer werden Sie verbindliche Vorgaben bekommen, sondern manchmal auch nur die Auskunft erhalten, dass Sie einheitlich zitieren sollen. In diesem Fall können Sie sich, wenn Sie wollen, nach dem folgenden Muster richten.

Wenn Sie sich konsequent an das folgende System halten, sollten Sie in der Lage sein, für alle Fälle eine Lösung parat zu haben: Für jeden Typ von Forschungsliteratur und literarischen Texten finden Sie jeweils ein Schema der bibliographischen Angabe. Dabei gibt es Bestandteile, die nur in manchen Fällen nötig sind (etwa die x. Auflage). Diese Angaben haben ebenfalls ihren Ort im Schema. Sie finden Sie in eckigen Klammern.

Wenn Sie in einem Buch oder einer Zeitschrift nach den nötigen Informationen suchen, um die komplette bibliographische Angabe nach dem jeweiligen Schema machen zu können – also Autor, Titel, Verlag, Jahreszahl etc. – kann es sein, dass Sie auf verschiedenen Seiten fündig werden. Der äußere Umschlag ist dabei nicht der Ort (manchmal sind die tatsächlichen Titel dort aus drucktechnischen oder werbetechnischen Gründen verkürzt oder verändert). Verbindlich ist stattdessen das innere Titelblatt. Wenn Sie dort nicht alle Informationen finden, blättern Sie einmal um und schauen auf der Rückseite. Außerdem finden Sie die bibliographischen Daten in manchen Büchern auch auf einer der letzten Seiten. Wenn Sie bei einer Frage nicht weiterkommen, kann auch ein Blick auf die Angaben im OPAC helfen. Allerdings dürfen Sie sich nicht alleine darauf verlassen, manchmal wird zum Beispiel bei mehreren Herausgeberinnen und Herausgebern nur einer von mehreren Namen angegeben. Aber einen Anhaltspunkt hätten Sie.

Im Folgenden finden Sie 15 Schemata für bibliographische Angaben. Erfasst sind die Fälle in der folgenden systematischen Reihenfolge:

Forschungsliteratur
1. Buch (,Monographie')
2. Buch (Sammelband, Lexikon)
3. Aufsatz in einem Sammelband
4. Eintrag in einem Lexikon
5. Aufsatz in einer Zeitschrift oder einem Jahrbuch
6. Wissenschaftlicher Kommentar, Nachwort
7. Zitieren aus dem Internet

Literarische Texte/Quellen
8. Einzelausgabe
9. Gesamte Werkausgabe
10. Einzelner Band aus einer Werkausgabe
11. Einzelner Text aus einem Band einer Werkausgabe
12. Brief
13. Tagebucheintrag
14. Gespräch
15. Zitieren aus dem Internet

Bibliographische Angaben der Forschungsliteratur

1   Buch (,Monographie')

Ein Buch, das vollständig von einem einzelnen Autor oder einer Autorin geschrieben worden ist, nennt man Monographie. Die Urheberschaft beansprucht er oder sie alleine. Manchmal gibt es auch mehrere Autorinnen und Autoren, die sich zusammentun und als Autorenteam auftreten, ohne kenntlich zu machen, wer welche Teile geschrieben hat. Sie sehen das daran, dass die einzelnen Kapitel im Inhaltsverzeichnis nicht durch einzelne Namen gekennzeichnet sind. Bei den bibliographischen Angaben behandeln Sie beide Typen von ,Verfasserschriften' gleich.

> *Name, Vorname [, Vorname Name ...]: Titel. Untertitel.*
> *[Hg. v. Vorname Name, ...] Ort [Auflage] Jahr [(Reihe, Bd.)].*

Beispiele
▶ Kiesel, Helmuth: „Bei Hof, bei Höll". Untersuchungen zur literarischen Hofkritik von Sebastian Brandt bis Friedrich Schiller. Tübingen 1979 (Studien zur deutschen Literatur, Bd. 60).
▶ Barner, Wilfried: Barockrhetorik. Untersuchungen zu ihren geschichtlichen Grundlagen. Tübingen [2]2002.

Zusätzliche Hinweise

▶ Wenn Sie ein ganzes Buch zitieren, geben Sie im Literaturverzeichnis nie an, welche Seiten Sie gelesen haben, sondern das ganze Buch – anders in den Fußnoten: Dort nennen Sie präzise die Seiten, auf denen die relevante Information steht (S. #–#).

▶ *Mehrere Namen*: Bei mehr als einem Autor nennt man den ersten Autor im Literaturverzeichnis für die alphabetische Reihung mit „Name, Vorname" und schließt alle weiteren mit Komma getrennt als „Vorname Name" an. Bei mehr als drei Autoren nennt man nur den ersten und fasst die anderen zusammen: „u. a." (und andere).

▶ *Mehrere Verlagsorte:* Das Gleiche gilt für Verlagsorte: Bis zu zwei Orte gibt man an. Bei drei oder mehr Orten gibt man nur den ersten an und ergänzt „u. a.".

▶ *Verlagsangabe:* Manchmal verlangen Dozentinnen und Dozenten, dass ein Verlag angegeben wird, dann steht er meistens hinter dem Ort (Ort: Verlag Jahr, z. B. Göttingen: Wallstein 2000).

▶ *Reihentitel:* Ein Buch kann in einer (wissenschaftlichen) Reihe erschienen sein, diese Reihentitel gibt man zusammen mit der Bandnummer in Klammern und grundsätzlich ohne Herausgeber an.

▶ *Auflage:* Man gibt nur die 2. oder folgende Auflage an; fehlt die Angabe, handelt es sich um die erste Auflage.

▶ *Herausgeber:* Es kann sein, dass ein Buch eines Autors von einer anderen Person herausgegeben wird, etwa weil der Autor bereits verstorben ist. Dann fügen Sie vor dem Ort ein „Hg. v. Vorname Name."

▶ *Dissertationen und Habilitationen:* Grundsätzlich gibt man nicht an, ob ein Buch einmal eine Dissertation oder Habilitationsschrift war, bevor es gedruckt wurde. Es gibt nur eine seltene Ausnahme: Dissertationen, die nicht in einem Verlag erschienen sind, sondern nur mit der Schreibmaschine getippt wurden, meistens also Dokumente im Format DinA4. Sie werden es merken, wenn Sie eine solche Schrift in der Hand halten. Dann schreiben Sie statt Ort und Verlag: Diss. masch. [d. h. Dissertation maschinenschriftlich] Universität Universitätsort Jahr.

2 Buch (Sammelband, Lexikon)

Ein ‚Sammelband' versammelt mehrere eigenständige Aufsätze verschiedener Autorinnen und Autoren in einem Band und ist von einer Herausgeberin oder einem Herausgeber zum Druck gebracht worden. Wer genau welchen Beitrag geschrieben hat, sehen Sie im Inhaltsverzeichnis. Der Herausgeber oder die Herausgeberin wird dagegen auf dem Titelblatt genannt. Im Normalfall zitieren Sie genau einen Beitrag, weil Sie ihn gelesen haben (das Schema unter Punkt 3). Es gibt aber auch den selteneren Fall, dass Sie summarisch auf den ganzen Sammelband verweisen wollen – etwa in einer Forschungsdiskussion, weil der thematische Fokus des Bandes neu ist und ein Phänomen von mehreren Autoren und Autorinnen neu in den Blick genommen wird. Sie zitieren den Sammelband dann wie eine Verfasserschrift, der oder die Herausgeber/in/nen werden an Stelle von Autoren genannt. – Vorsicht: Wenn Sie ein Zitat nachweisen, genügt in keinem Fall die Angabe des Sammelbandes, sondern Sie müssen den konkreten Aufsatz nachweisen, aus dem das Zitat stammt (das Schema unter Punkt 3).

> *Name, Vorname [, Vorname Name...] (Hrsg.): Titel. Untertitel. Ort [, Ort ...]* [Auflage]*Jahr (Reihe, Bd.).*

Beispiel

▸ Bosse, Heinrich u. Ursula Renner (Hrsg.): Literaturwissenschaft. Einführung in ein Sprachspiel. Freiburg i. Br. 1999 (Rombach Grundkurs, Bd. 3).

3   Aufsatz in einem Sammelband

> *Name, Vorname [, Vorname Name ...]: Aufsatz-Titel. Aufsatz-Untertitel. In: Band-Titel. Band-Untertitel. Hg. v. Vorname Name [, Vorname Name ...]. Ort [, Ort ...]* [Auflage]*Jahr [(Reihe, Bd.)], S. #–#.*

Beispiel

▸ Esselborn, Karl: Neubeginn als Programm. In: Literatur in der Bundesrepublik Deutschland bis 1967. Hg. v. Ludwig Fischer. München, Wien 1986 (Hansers Sozialgeschichte der deutschen Literatur, Bd. 10), S. 230–243.

Zusätzliche Hinweise

▸ Die bibliographische Angabe einer solchen unselbständigen Publikation ist niemals vollständig ohne die exakte Nennung der Seitenzahlen, auf denen der Aufsatz beginnt und endet (S. #–#). Wenn Sie gleichzeitig mit der Angabe des Aufsatzes ein konkretes Zitat nachweisen oder auf eine Passage hinweisen, dann fügen Sie am Ende an: „..., Zitat S. ##".

4 Eintrag in einem Lexikon

Auch Lexikoneinträge sind Texte, die von Autoren geschrieben worden sind, die man beim Namen nennen muss. In fast allen Lexika finden Sie unter jedem Eintrag entweder einen Namen oder ein Kürzel – dann gibt es meistens ein Register der Beiträger, mit dem Sie das Kürzel auflösen können. Sie behandeln einen Lexikoneintrag wie einen Aufsatz in einem Sammelband. Achten Sie darauf, ob Seiten (S.) oder Spalten (Sp.) gezählt werden.

> *Name, Vorname [, Vorname Name …]: Eintrag-Titel. In: Band-Titel. Band-Untertitel. Hg. v. Vorname Name [, Vorname Name …]. Ort [, Ort …] [Auflage] Jahr, Bd. #, S. [bzw. Sp.] #–#.*

Beispiel
▶ Albertini, Tamara: Elegantia. In: Historisches Wörterbuch der Rhetorik. Bd. 2, Hg. v. Gert Ueding. Tübingen 1994, Sp. 991–1004.

5 Aufsatz in einer Zeitschrift oder einem Jahrbuch

> *Name, Vorname [, Vorname Name …]: Titel. Untertitel. In: Zeitschriftentitel Bandnr.[/Heftnr.] (Jahr), S. #–#.*

Beispiele
▶ Krummacher, Hans-Henrik: Das barocke Epicedium. Rhetorische Tradition und deutsche Gelegenheitsdichtung im 17. Jahrhundert. In: Jahrbuch der deutschen Schillergesellschaft 18 (1974), S. 89–147.
▶ Stockhorst, Stefanie: Die höfische Maskerade als Medium der Literaturpolitik – Goethes Maskenzug Die Romantische Poesie (1810). In: Wirkendes Wort 52 (2002), S. 206–217.
▶ Verweyen, Theodor: Barockes Herrscherlob. Rhetorische Tradition, sozialgeschichtliche Aspekte, Gattungsprobleme. In: Der Deutschunterricht 28/2 (1976), S. 25–45.

Zusätzliche Hinweise
▶ Die bibliographische Angabe einer solchen ‚unselbständigen Publikation' ist niemals vollständig ohne die exakte Nennung der Seitenzahlen (S. #–#).
▶ Die Angabe einer Heftnummer ist nur erforderlich, wenn eine Zeitschrift die Seiten heftweise neu durchnummeriert (d.h. wenn jedes Heft neu mit S. 1 beginnt wie die Zeitschrift *Der Deutsch-*

unterricht im dritten Beispiel). Das ist aber selten der Fall, meistens schließen die einzelnen Hefte der Zeitschriften an die Nummerierung des letzten Heftes an, so dass die Hefte schließlich zu einem Band mit durchlaufenden Seitenzahlen zusammengebunden werden. In diesen Fällen reicht die Angabe der Bandnummer.

▶ Zeitschriften und Jahrbücher werden grundsätzlich ohne Herausgeber bzw. Herausgeberin, Orts- und Verlagsangabe zitiert. In der Regel nimmt man auch nicht den Untertitel auf (also: nicht ‚Euphorion. Zeitschrift für Literaturgeschichte', sondern nur ‚Euphorion').

6   Wissenschaftlicher Kommentar oder Nachwort

Kommentierte Ausgaben gehören zu den besten Hilfsmitteln der Literaturwissenschaft (mehr Informationen dazu gibt es im Kapitel 2). Wenn es eine kommentierte Ausgabe gibt, sollten Sie sie also unbedingt verwenden. Ein solcher wissenschaftlicher Kommentar ist eine Leistung eines Autors oder mehrerer Autoren. Wenn Sie einen Kommentar zitieren oder darauf verweisen wollen, dann müssen Sie, wie bei allen Quellen, auch Autorin oder Autor nennen. Das gleiche gilt für ein Nachwort in einer Ausgabe.

Name, Vorname: Kommentar. In: Name, Vorname des literarischen Autors: Titel. Untertitel. Hg. v. Vorname Name des Herausgebers [, Vorname Name ...], Ort Jahr [(Name, Vorname des literarischen Autors: Titel der Gesamtausgabe. Zahl der Bände. Hg. v. Herausgeber der Werkausgabe. Ort Jahr des ersten Bandes ff.), S. #–#.

Beispiel
▶ Frank, Manfred: Kommentar zum Gestiefelten Kater. In: Tieck, Ludwig: Phantasus. Hg. v. Manfred Frank. Frankfurt/Main 1985 (Tieck, Ludwig: Schriften in 12 Bden. Hg. v. Achim Hölter u. a. Frankfurt/Main 1985ff., Bd. 6), S. 1377–1408.

Zusätzliche Hinweise
▶ Bei einem Kommentar oder einem Nachwort sehen Sie oft keinen Namen des Autors oder der Autorin. Das liegt daran, dass der Name identisch ist mit dem des Herausgebers oder der Herausgeberin. Manchmal hat der Text auch keinen eigenen Titel neben „Kommentar" oder „Nachwort". Wenn doch: Zitieren Sie ihn.

7   Texte aus dem Internet

Zur Erinnerung: Seien Sie vorsichtig beim Zitieren von Texten aus dem Internet. Sie müssen sichergehen, dass es sich um Texte handelt, die wissenschaftlichen Ansprüchen genügen. Sprechen Sie am besten mit Ihrer Dozentin oder Ihrem Dozenten. Sie müssen in jedem Fall das Datum angeben, wann Sie die Seite besucht haben. Ganz anders ist die Lage bei kommerziellen online-Angeboten mit Aufsätzen aus wissenschaftlichen Zeitschriften, die auch im Druck erschienen sind. Wenn Ihre Universitätsbibliothek die Nutzungsrechte dafür gekauft hat, können Sie hier oft Dokumente herunterladen, die mit der Druckausgabe identisch sind (exakt als pdf oder im html-Format mit Markierung der Seitenumbrüche). Dann müssen Sie nicht angeben, dass Sie die Datei aus dem Internet haben und verfahren wie bei einem gedruckten Aufsatz.

Name, Vorname: Titel. URL (Zugriff am ##.##.####).

Beispiel
▶ Bhatti, Anil: „...zwischen zwei Welten schwebend...". Zu Goethes Fremdheitsexperiment im West-östlichen Divan. http://www.goethezeitportal.de/fileadmin/PDF/kk/df/postkolo niale_studien/bhatti_divan.pdf (Zugriff am 25.3.2008).

Zusätzliche Hinweise
▶ Der Text muss exakt unter der angegebenen Adresse zu erreichen sein. Die Internetadresse der Homepage alleine (hier: www. goethezeitportal.de) reicht nicht.
▶ Sie können den zitierten Text auch ausdrucken und der Arbeit als Anhang beilegen.

Bibliographische Angaben literarischer Texte

Es ist entscheidend, dass Sie bei Ihrer Arbeit mit der besten verfügbaren Ausgabe eines literarischen Werks arbeiten: zum einen, weil der Text zuverlässig sein muss; zum anderen, weil manche Ausgaben im Anhang einen Kommentar enthalten, der Ihnen wichtige Informationen und Verständnishilfen liefern wird (mehr dazu im Kapitel 2: Lesen). Die Auswahl zwischen mehreren Ausgaben eines Textes haben Sie vor allem bei kanonischen Autorinnen und Autoren, bei vielen anderen Autorinnen und Autoren, etwa der Gegenwartsliteratur, gibt es im Regelfall nur eine einzige Ausgabe, mit der Sie arbeiten müssen.

Für die bibliographischen Angaben im Fall von literarischen Texten gelten grundsätzlich die gleichen formalen Vorgaben wie für die Forschungsliteratur. So zitieren Sie etwa ein Buch eines Autors, eine Erzählung oder ein Gedicht in einer Zeitschrift nach den gleichen Mustern wie sie oben unter ‚Monographie' (1.) bzw. ‚Aufsatz in einer Zeitschrift' (5.) genannt werden. Es gibt darüber hinaus aber einige besondere Regeln, weil das Werk von kanonischen Autorinnen und Autoren oft in Gesamtausgaben zusammengefasst ist. Sie sollten, wo immer es geht, zuverlässige Ausgaben verwenden, also Ausgaben, deren editorische Richtlinien wissenschaftlichen Ansprüchen genügen. Im Regelfall können Sie eine Standardausgabe dadurch identifizieren, dass sie in den meisten Forschungsbeiträgen zitiert wird.

8   Einzelausgabe

Wenn Sie einen Text zitieren, den es nur in einer einbändigen Ausgabe (und nicht als Band einer mehrbändigen Werkausgabe) gibt, zitieren Sie ihn wie eine normale Monographie (siehe oben unter Punkt 1).

Name, Vorname [, Vorname Name ...]: Titel. Untertitel.
[Hg. v. Vorname Name, ...] Ort [Auflage]Jahr [(Reihe, Bd.)].

Beispiele
▶ Handke, Peter: Mein Jahr in der Niemandsbucht. Ein Märchen aus den neuen Zeiten. Frankfurt/Main 1994.

9   Gesamte Werkausgabe

Wenn Sie das Werk eines Autors oder einer Autorin konsequent nach einer bestimmten mehrbändigen Werkausgabe zitieren (das sollten Sie im Regelfall tun, wenn es eine solche Ausgabe gibt), dann ist es sinnvoll, beim ersten Nachweis die gesamte Werkausgabe für alle folgenden Zitate komplett nachzuweisen und eine Sigle einzuführen, so dass im Anschluss nur mehr spezifische Angaben für den konkreten Text gemacht werden müssen. Eine entsprechende Formulierung in der Fußnote könnte lauten: „Das Werk Goethes wird im Folgenden zitiert nach der Hamburger Ausgabe: Goethe, Johann Wolfgang: Werke. Hamburger Ausgabe. 14 Bde. Hg. von Erich Trunz u. a. München 1966–1972; zitiert als HA." Wenn Sie danach einen Text aus einer Werkausgabe zitieren, sollten

Sie allerdings nie nur Bandnummer und Seitenzahl angeben, ein Zitat also nicht nur durch Angaben wie „HA Bd. 8, S. 127" nachweisen; sondern sie sollten immer auch den Titel des Textes nennen, damit die Herkunft eines Zitats leserfreundlich sofort identifizierbar ist, also: „Goethe: Wilhelm Meisters Wanderjahre, HA Bd. 8, S. 127".

> *Name, Vorname: Titel. Untertitel, Anzahl der Bände. Hg. v. Herausgeber der Ausgabe. Ort Jahr.*

Beispiel
▶ Goethe, Johann Wolfgang: Sämtliche Werke, Briefe, Tagebücher und Gespräche. 40 Bde. in 2 Abt. Hg. v. Friedmar Apel u. a. Frankfurt/Main 1987ff.

10 Einzelner Band aus einer Werkausgabe

> *Name, Vorname: Titel. Untertitel. In: ders.: Titel, Band # [in dem sich der Einzeltext befindet]: Titel des Bandes. Hg. v. Vorname Name [Herausgeber des Bandes], Ort Jahr (Titel der Werkausgabe in # Bden. Hg. v. Vorname Name [Herausgeber der Werkausgabe]. Ort Jahr des ersten Bandes ff., Bd. #), S. #–#.*

Beispiel
▶ Goethe, Johann Wolfgang: Faust. Texte. Hg. von Albrecht Schöne. Frankfurt/Main 1994 (Sämtliche Werke, Briefe, Tagebücher und Gespräche. 40 Bde. in 2 Abt. Hg. v. Friedmar Apel u. a. Frankfurt/Main 1987ff., 1. Abt. Bd. 7/1)

11 Einzelner Text aus einem Band einer Werkausgabe

> *Name, Vorname: Titel. Untertitel. In: ders.: Titel des Bandes. Hg. v. Vorname Herausgebername [des Bandes], Ort [Auflage]Jahr (Werkausgabe), S. #–#.*

Beispiel
▶ Kleist, Heinrich von: Die Marquise von O… In: ders.: Sämtliche Werke und Briefe Bd. 2. Hg. v. Helmut Sembdner. München [7]1984, S. 104–143.

12 Brief

> *Vorname Name an Vorname Name, Datum. In: [wie Werkaus-gabe oder Kurztitel] Bd., S. #.*

Beispiel

▸ Heinrich von Kleist an Ulrike von Kleist, 26. August 1800. In: Heinrich von Kleist: Sämtliche Werke und Briefe Bd. 2. Hg. v. Helmut Sembdner. München ^{7}1984, S. 531.

13 Tagebucheintrag

> *Name: Tagebucheintrag vom ##.##.####. In: [wie Werkausgabe oder Kurztitel] Bd., S. #.*

Beispiel

▸ Franz Kafka: Tagebucheintrag vom 2.2.1920. In: Ders.: Tagebücher 1909–1923. In der Fassung der Handschrift. Hg. v. Hans-Gerd Koch. Frankfurt/Main 1997, S. 853f.

14 Gespräch

Mitunter hat man den ‚Gesprächen' von Autorinnen und Autoren einen eigenen Quellenwert beigemessen. Das prominenteste Beispiel sind GOETHES Gespräche mit ECKERMANN.

> *Name im Gespräch mit Name am #.#.####. In: [wie Werkausgabe oder Kurztitel] Bd., S. #.*

Beispiel

▸ Goethe im Gespräch mit Eckermann am 2.4.1829. In: Johann Peter Eckermann: Gespräche mit Goethe in den letzten Jahren seines Lebens. Hg. v. Christoph Michel unter Mitwirkung v. Hans Grüters, Frankfurt/Main 1999 (Sämtliche Werke, Briefe, Tagebücher und Gespräche. 40 Bde. in 2 Abt. Hg. v. Friedmar Apel u. a. Frankfurt/Main 1987ff., Abt. II, Bd. 12), S. 324.

15 Texte aus dem Internet

Es gibt auch Fälle, in denen Sie einen Text, den Sie untersuchen, aus dem Internet zitieren müssen. Wenn Sie es tun: Seien Sie sicher, dass es davon keine gedruckte Ausgabe gibt. Ein Beispiel ist etwa

Elfriede Jelineks ‚Privatroman' *Neid*. – Wenn Sie dagegen literarische Texte aus dem Internet kopieren (etwa von „Projekt Gutenberg"), um sich das Abtippen zu ersparen, und als Fundstelle anschließend die entsprechenden Seiten aus einer zitierfähigen Ausgabe angeben, dann müssen Sie jedes Wort noch einmal am gedruckten Original überprüfen: Die Texte aus dem Internet sind meistens aus älteren Ausgaben abgetippt, die nicht zitierfähig sind, sie sind außerdem mitunter orthographisch modernisiert bzw. nicht fehlerfrei.

> *Name, Vorname: Titel. URL (Zugriff am ##.##.####).*

Beispiel
▶ Jelinek, Elfriede: Neid. Privatroman. Erstes Kapitel. http://a-e-m-gmbh.com/wessely/fneid1.htm (Zugriff am 25.9.2012).

Hinweise
▶ Der Text muss exakt unter der angegebenen Adresse zu erreichen sein. Die Internetadresse der Homepage alleine (hier: www.a-e-m-gmbh.com) reicht nicht.
▶ Sie können den zitierten Text auch ausdrucken und der Arbeit als Anhang beilegen. Sie müssen auch hier die Internetadresse und das Datum Ihres Zugriffs angeben.

Schreiben hat in den Geisteswissenschaften eine große Bedeutung: Weil viele Gegenstände nicht ‚außerhalb der Sprache' existieren, ist Schreiben selbst eine Form der Erkenntnis. Oft wird erst während des Schreibprozesses deutlich, ob man wirklich zeigen kann, was vorher abstrakt so klar zu sein schien, und ob sich eine These wirklich in allen Details überzeugend formulieren und aufrechterhalten lässt, wenn sie sich am Material der Texte bewähren muss. (Das gleiche gilt übrigens auch für Gespräche: Sprechen Sie mit anderen über Ihr Thema! Manche Gedanken gewinnen ein schärferes Profil, wenn Sie darüber sprechen, manchmal entsteht die große These für eine Untersuchung in einem Gespräch). Das Schreiben (und Reden) steht also nicht erst am Ende der Arbeit. Es ist nicht so, dass man die eigenen Gedanken endlich nach langer Lektüre und Denkarbeit zu Papier bringt. Die Annahme hinter dem oft gehörten Satz *Ich muss die Arbeit nur noch schreiben* ist also ein Irrtum.

1 Wissenschaftliche Kommunikation

Wenn man einen wissenschaftlichen Text schreibt, nimmt man eine andere Rolle ein als in der alltäglichen Kommunikation oder in den Texten, die man noch in der Schule geschrieben hat. Es geht nicht mehr um persönliche Meinungen, Gefühle, Gedanken – sondern es geht um mehr oder weniger zutreffende Beschreibungen und Erklärungen von Sachverhalten, mehr oder weniger plausible Interpretationshypothesen und mehr oder weniger überzeugende Beweise. In wissenschaftlicher Kommunikation sind also ‚Objektivität' und ‚Plausibilität' die wichtigsten Kriterien, nach denen sich die Qualität von Aussagen bemisst. Das bedeutet umgekehrt, dass Sie selbst als Person eine möglichst geringe Rolle spielen sollten. Darum halten viele Wissenschaftlerinnen und Wissenschaftler die Formulierung von Sätzen mit dem Personalpronomen „ich" für unangebracht. Damit sind übrigens auch Formulierungen wie „meines Erachtens" oder „meiner Meinung nach" überflüssig: Sie müssen Ihre ‚Meinung' ohnehin mit einem stichhaltigen, nachvollziehbaren Argument beweisen – und dann erübrigt sich auch die explizite Markierung als ‚eigene Meinung'.

Sie sollten nicht nur wissen, welche Rolle Sie als Autorin oder Autor einer Hausarbeit spielen, sondern auch, wie Sie sich Ihre Leserinnen und Leser vorstellen können. Dann wird das Schreiben der Hausarbeit leichter: Natürlich sind die konkreten Adressaten der Dozent oder die Dozentin, die Ihre Hausarbeit korrigieren. Achten Sie in jedem Fall darauf, dass Sie deren Vorgaben erfüllen (fragen Sie direkt danach, bevor Sie mit Ihrer Arbeit beginnen).

Das Beispiel Ihrer Dozentin oder Ihres Dozenten
Wenn Sie sich beim Schreiben Ihrer Hausarbeit in einer formalen oder stilistischen Frage unsicher sind (und Ihren Dozenten oder Ihre Dozentin nicht fragen wollen oder können), kann vielleicht ein Blick in eine von seinen bzw. ihren Veröffentlichungen helfen. Dort sehen Sie, wie er oder sie ein bestimmtes Problem gelöst hat.

Darüber hinaus gibt es aber noch zwei allgemeine Empfehlungen, wie Sie mit Ihren Leserinnen und Lesern umgehen sollten:
1. Sie schreiben auf der einen Seite für ein kompetentes Fachpublikum. Verwenden Sie also die eingeführten Fachbegriffe und Methoden der Literaturwissenschaft, Sie können davon ausge-

hen, dass Ihre Leserinnen und Leser sie kennen. Ein gutes und präzise ausformuliertes Argument ist das beste Kompliment an die Lesenden. – Umgekehrt: Blähen Sie Ihre Arbeit nicht unnötig auf, etwa durch eine zu ausführliche Inhaltsangabe des untersuchten Textes oder durch die Biographie des Autors oder der Autorin. Nehmen Sie nicht mehr Raum bzw. Lesezeit in Anspruch, als Sie für Ihr Argument brauchen.

2. Rechnen Sie damit, dass Ihre Leserinnen und Leser zwar kompetent sind, aber erwarten Sie nicht von ihnen, dass sie die Lücken füllen, die Sie offen lassen. Skizzieren Sie wichtige Sachverhalte knapp und prägnant, lassen Sie keinen Argumentationsschritt aus. Und bringen Sie diejenigen Informationen im Text unter, die zum Verständnis Ihrer Argumentation nötig sind. Denken Sie dabei nicht, Ihre Leser seien allwissend: Wenn Sie ein Spezialproblem in Ihrer Hausarbeit bearbeiten, beschäftigen Sie sich über einen längeren Zeitraum intensiv damit. Sie lesen die relevante Forschungsliteratur, und der untersuchte Text steht Ihnen in seiner ganzen Komplexität aktuell vor Augen. Ihre Leser und Leserinnen haben dagegen nicht unbedingt auch das gleiche Detailwissen wie Sie parat. – Es gibt dafür eine elegante Möglichkeit: Schreiben Sie so, als müssten Sie Ihr Publikum nur an einen Sachverhalt erinnern. Es reicht oft, einen kurzen Halbsatz zu schreiben. (Wenn Sie so schreiben, führt das übrigens nicht nur zu einem besseren und präziseren Stil, sondern fast zwangsläufig auch zu einer präziseren Argumentation.)

2 Guter Stil

Was guter Stil ist, lässt sich für wissenschaftliche Texte ausnahmsweise in einer Hinsicht präzise sagen: Schreiben Sie am besten nüchtern und sachlich, knapp und verständlich – und vor allem präzise. Wissenschaftliche Texte sind grundsätzlich informationsorientierte Texte in einer Fachsprache. Und wenn es Ihnen gelingt, komplizierte Sachverhalte differenziert und dennoch sprachlich verständlich darzustellen, beweisen Sie damit, dass Sie in der Lage sind, komplexe Strukturen zu durchschauen und zu vermitteln. Lesbarkeit ist kein negatives Zeichen. – Auch in Stilfragen gilt: Nehmen Sie sich ein Beispiel an Texten, die Sie lesen. Lassen Sie andere Ihre eigenen Texte lesen. Und die härteste Probe: Lesen Sie sich Ihren Text selbst laut vor.

1. *Fachbegriffe und Fremdwörter.* Verwenden Sie die eingeführte Fachterminologie, um Ihre Beobachtungen zu formulieren. Sie ist sehr viel präziser als die Alltagssprache. Man sollte sich nicht gezwungen fühlen, darüber hinaus möglichst viele Fremdwörter zu verwenden und kompliziert zu formulieren. Damit steigt der Aussagewert einer Arbeit nicht zwangsläufig. Schreiben Sie lieber klar und verständlich. Man darf aber auch nicht in das andere Extrem verfallen und umgangssprachlich schreiben. Es geht in der Wissenschaftssprache um Präzision und Sachlichkeit. Sie achten am besten schon bei der Lektüre von Forschungsbeiträgen darauf, wie sie formuliert sind. Als Beispiel sollten Sie dabei nicht unbedingt denjenigen Text wählen, der am unverständlichsten formuliert ist, sondern einen klar gegliederten und sprachlich ansprechenden Text.

2. *Ich, Wir, unpersönliche Formulierungen.* Es gilt das oben Gesagte: Ihre Person spielt für die Aussage der Arbeit keine Rolle. Man ist in der Wissenschaft darum skeptisch, ob der Autor oder die Autorin überhaupt im Text erkennbar sein sollte (es gibt Gründe dafür und dagegen). Darum verwendet man das Personalpronomen „ich" in der Regel nicht („Ich habe gezeigt, dass ..."). Altbacken klingt „wir" („Wir haben gezeigt, dass ..."). Fast alles lässt sich – mit etwas Übung – stattdessen unpersönlich formulieren („Es hat sich gezeigt, dass ...").

3. *Aktiv/Passiv.* Formulieren Sie nach Möglichkeit im Aktiv und nicht zu viel im Passiv. Am häufigsten verwendet man passivische Konstruktionen, um zu sagen, was in der Arbeit geschieht und sich gleichzeitig selbst als Autor oder Autorin aus dem Text zu nehmen. Statt zu schreiben „Ich will zeigen ..." oder „Ich werde untersuchen ..." formuliert man oft unpersönlich: „Es soll gezeigt werden, dass ...", „Es soll untersucht werden ...". – Auf die Dauer wirkt dieses Passiv auf Leserinnen und Leser aber lähmend. Es gibt dagegen ein gutes Mittel: Sprechen Sie von Ihrem Text als „Arbeit", „Untersuchung" oder „Analyse". Dann können Sie grammatikalisch auch wieder von einem handelnden Subjekt sprechen: „Die Arbeit soll zeigen ...", „Die Untersuchung zielt auf ...". Oder Sie stellen das Objekt in den Vordergrund: „Im Mittelpunkt der Arbeit/Untersuchung steht ...".

4. *Satzbau.* Schreiben Sie klar strukturierte und transparent formulierte Sätze, die nicht zu sehr verschachtelt sind (das ist etwa bei Passivsätzen eine Gefahr): Komplizierte Konstruktionen sind nicht unbedingt ein Zeichen dafür, dass die Aussagen besonders

differenziert sind. Sie sind für den Leser eher anstrengend und können schwerfällig wirken. Außerdem sind Schachtelsätze in Hausarbeiten gefährlich, weil sie schwer zu schreiben sind und darum nicht selten im Nirgendwo enden. Wenn ein Satz länger als drei Zeilen ist, sollte man darüber nachdenken, daraus mehrere Sätze zu machen. – Außerdem: Viele komplizierte Konstruktionen lassen sich problemlos auflösen.

5. *Konstruktionen und Konjunktionen.* Machen Sie klar, in welchem Verhältnis einzelne Informationen zueinander stehen. Das geht (1.) mit Hilfe von Konstruktionen wie: einerseits … andererseits, sowohl … als auch, nicht nur … sondern auch, entweder … oder. Hilfreich sind (2.) auch Konjunktionen, die Beziehungen zwischen einzelnen Satzteilen formulieren: weil, daher, darum, damit, während, obwohl etc. (3.) Ein gutes Mittel, um Verhältnisse zwischen Sätzen zu verdeutlichen, ist auch der Doppelpunkt.

6. *Absätze.* Unterstützen Sie die Übersichtlichkeit Ihrer Argumentation durch klare Absätze, die jeweils ein größeres Argument oder einen prägnanten Gedanken enthalten. Sie werden sich auf diese Weise selbst klarer über die Struktur Ihrer Argumentation, und dem Leser oder der Leserin wird es leichter fallen, Ihnen zu folgen. Es gibt zwei negative Extreme, die Sie stutzig machen sollten: (1.) ein Absatz, der nur aus einem einzigen Satz besteht (man kann ihn sicher dem vorhergehenden oder dem folgenden Absatz zuschlagen); und (2.) eine Seite ganz ohne Absätze (irgendwo wäre sicher ein Absatz angebracht).

7. *Tempus.* Eine literatur- oder sprachwissenschaftliche Untersuchung ist grundsätzlich im Präsens geschrieben. Das epische Präteritum, in dem manche Prosatexte geschrieben sind, hat präsentische Bedeutung („In einer Gegend des Harzes wohnte ein Ritter, den man gewöhnlich nur den blonden Eckbert nannte."). In Ihrer Untersuchung sprechen Sie dann im Präsens (Eckbert wohnt in einer Gegend des Harzes).

3 Schreiben praktizieren

Schreiben lernt man natürlich nicht anhand von abstrakten Regeln, sondern vor allem, indem man selber schreibt und anschließend die Rückmeldungen durch Korrekturleserinnen und Korrekturleser ernst nimmt. – Aber man kann Schreiben auch durch Lesen lernen: Nehmen Sie sich ein Beispiel an den Forschungsbeiträgen, die Sie für Ihre Arbeit brauchen. Lesen Sie jeden Text auch mit Blick auf seine formale, sprachliche und argumentative

Gestaltung als gutes oder schlechtes Beispiel für wissenschaftliche Kommunikation. Und besser noch: Lesen Sie auch Hausarbeiten von Ihren Kommilitoninnen und Kommilitonen. Am besten, Sie helfen anderen vor der Abgabe beim Korrekturlesen und machen an Stellen, die Ihnen verbesserungsbedürftig erscheinen, eigene Formulierungsvorschläge.

Aus dem Gesagten gibt es nur eine mögliche Konsequenz: Fangen Sie so früh wie möglich mit dem Schreiben an! – Ihre ersten Schriftproben müssen nicht schon der endgültige Text der Hausarbeit sein. Es gibt im Verlauf der Arbeit drei wichtige Anlässe, um schon vorher mit dem Schreiben zu beginnen:

1. *Exposé.* Versuchen Sie am Beginn Ihrer Arbeit ein Exposé zu schreiben: einen kurzen Plan Ihrer Untersuchung, nicht mehr als fünf bis zehn Zeilen. Alles, was Sie hier schreiben, kann später revidiert werden. Aber versuchen Sie einmal zu sagen, welche Aspekte und Problemkonstellationen Sie behandeln wollen, wie die Fragestellung lauten soll, warum sie nahe liegt und welche Schritte Sie zu ihrer Beantwortung unternehmen wollen. – Sie können ein solches Exposé auch Ihrer Dozentin oder Ihrem Dozenten schicken, wenn Sie sich über den Inhalt der Arbeit verständigen wollen. Das ist wahrscheinlich sogar sehr viel besser als lediglich eine Gliederung zu schicken, die meistens am Anfang kaum aus mehr als fünf wenig aussagekräftigen Überschriften bestehen kann.

2. *Exzerpte.* Schreiben Sie Exzerpte von Forschungsbeiträgen: Fassen Sie in einem eigenen Dokument unter der bibliographischen Angabe des Beitrags seine Kernthesen zusammen. Nennen Sie wichtige Argumente, die dort entwickelt werden. Schreiben Sie wichtige Zitate ab. (Notieren Sie immer die jeweiligen Seitenzahlen!) Schreiben Sie außerdem (kursiv oder ähnlich markiert) Ihre eigenen Assoziationen, Gedanken, Präzisierungen und Einwände auf.

3. *Einleitung.* Wenn Sie schon etwas weiter im Arbeitsprozess sind, schreiben Sie eine provisorische Einleitung für Ihre Arbeit: eine Problemskizze, die Ihre folgende Untersuchung motivieren könnte. Suchen Sie nach einem Anhaltspunkt im untersuchten Text, der erklärungsbedürftig ist. Oder skizzieren Sie die Forschungsgeschichte zu einem Text oder Problem, um den Ort Ihrer eigenen Arbeit zu bestimmen. Sie können auch eine Forschungsmeinung vorstellen, die Sie überprüfen wollen. Vielleicht gibt es eine Forschungskontroverse, die Sie darstellen und kom-

mentieren können, um anschließend eine eigene Position zu begründen.

Jede Hausarbeit besteht aus:
1. einem Titelblatt
2. einem Inhaltsverzeichnis
3. der Untersuchung (Einleitung, Hauptteil, Schluss)
4. einem Verzeichnis der verwendeten Literatur
[5. Oft wird inzwischen auch eine eigenhändig unterschriebene Verpflichtungserklärung verlangt, mit der Sie bestätigen, dass Sie die Arbeit selbst geschrieben, alle Zitate und Übernahmen kenntlich gemacht und alle verwendeten Hilfsmittel angegeben haben – informieren Sie sich in Ihrem germanistischen Institut.]

1 Titel und Titelblatt

Das Titelblatt ist die erste Seite Ihrer Arbeit, die Ihre Dozentin oder Ihr Dozent zu Gesicht bekommen wird. Sie sollten also einige Sorgfalt darauf verwenden. Dabei gibt es eine Reihe von Angaben, die auf jedes Titelblatt gehören. Sie können sich dabei an der folgenden schematischen Abbildung orientieren.

In der germanistischen Literaturwissenschaft wird ein Titel häufig aus zwei Bestandteilen gebildet: einem ‚poetischen' Titel (oft ein Zitat, zum Beispiel aus dem untersuchten Text) kombiniert mit einem aussagekräftigen Untertitel. Wenn Sie sich selbst an einem solchen Titel versuchen wollen, tun Sie es mit Vorsicht. Formulieren Sie reflektiert, sorgen Sie dafür, dass die beiden Titel miteinander wirklich korrespondieren und möglicherweise schon eine Spannung entsteht. Gute Beispiele sind etwa: *„Niemand wird lesen, was ich hier schreibe". Über den Niemand in der Literatur* (der Titel eines Buchs von HANNES FRICKE über die Figur des Nemo von der *Odyssee* bis zu JULES VERNE), oder: *Die „Feuerprobe der Wahrheit". Fallstudien zur weiblichen Ohnmacht* (der Titel eines Aufsatzes von INKA MÜLDER-BACH über KLEISTS Erzählung *Die Marquise von O…*). – Wenn Ihnen eine gute pointierte Titelformulierung gelingt, haben Sie Ihre Leserinnen und Leser vorerst auf Ihrer Seite.

Universität
Institut für Germanistik
Lehrveranstaltungstyp: Titel der Lehrveranstaltung
Wintersemester/Sommersemester ####
Leitung: Name der Dozentin bzw. des Dozenten [mit akademischen Titeln, Prof., PD
[Privatdozent], Dr.]

Titel
Untertitel

Ihr Name
Ihre Anschrift
Ihre Telefonnummer
Ihre e-mail-Adresse

Ihr angestrebter Studienabschluss
Ihre Fächerkombination
Ihr Fachsemester

2   Inhaltsverzeichnis

Das Inhaltsverzeichnis enthält die Überschriften der einzelnen Kapitel Ihrer Untersuchung und die Seitenzahlen, auf denen sie beginnen. Es muss exakt mit dem Text der Arbeit übereinstimmen. Markieren Sie die Hierarchie der Gliederungsebenen durch eine Dezimal-Klassifikation (1, 1.1, 1.2, 1.1.1, 1.1.2 etc.). Mehr als drei Gliederungsebenen sollte ein kurzer Text wie eine Hausarbeit nicht haben (also nicht 1.2.1.1), sonst besteht die Gefahr, dass die Abschnitte zusammenhangslos nebeneinander stehen. Eine klare Gliederung erleichtert die Übersicht, sowohl im Inhaltsverzeichnis als auch später im Text. Dabei gilt außerdem: Ein Gliederungspunkt, der kein Pendant auf derselben Ebene hat, ist argumentativ sinnlos (also: nicht 1.1 ohne 1.2). Im Normalfall können Sie die Passage dem übergeordneten Kapitel zuschlagen, oder Sie können ein Gegenstück dazu bilden. Ähnlich können Sie verfahren, wenn ein Gliederungspunkt nicht mehr als eine halbe Seite umfasst: Auch dann ist es wahrscheinlich sinnvoller, ihn mit einem anderen Abschnitt zusammenzufassen. – Ein Inhaltsverzeichnis könnte zum Beispiel so aussehen:

INHALT

1 EINLEITUNG	3
1.1 Unterkapitel (z.B. Forschungsüberblick)	3
1.2 Unterkapitel 2 (z.B. Methode und Gang der Untersuchung)	5
2 HAUPTTEIL	5
2.1 Unterkapitel 1	6
2.2 Unterkapitel 2	7
2.2.1 Unterkapitel 1	8
2.2.2 Unterkapitel 2	10
2.3 Unterkapitel 3	12
2.3.1 Unterkapitel 1	13
2.3.2 Unterkapitel 2	14
3 SCHLUSS (Z.B. ZUSAMMENFASSUNG UND AUSBLICK)	15
4 LITERATURVERZEICHNIS	16

3 Einleitung

In der Einleitung versuchen Sie, Ihr Publikum für die folgende Untersuchung zu interessieren. Zu diesem Zweck bietet es sich an,
1. eine zentrale Stelle aus dem untersuchten Textmaterial zu wählen, die in das Zentrum der Problemstellung führt.
2. Sie können auch eine pointierte These aus der Forschungsliteratur zitieren und ankündigen, dass Sie sie im Folgenden „überprüfen" oder „diskutieren" wollen (oder sogar widerlegen). In diesem Fall sollte man darauf achten, dass man wirklich Thesen wählt, die nicht schon seit mehreren Jahrzehnten obsolet sind.

Sagen Sie anschließend knapp und prägnant, was der „Gegenstand" Ihrer Untersuchung sein soll und welche Frage Sie stellen wollen.

Forschungsüberblick

Sie können daran einen Forschungsüberblick anschließen: Zeichnen Sie knapp und prägnant die Forschungsgeschichte zu Ihrem Text oder Problem im Allgemeinen nach. Anschließend konzentrieren Sie sich ganz darauf, ob es zur speziellen Fragestellung, die Sie gewählt haben, bereits Forschungsbeiträge gibt. So gibt es etwa zu GOETHES ‚Bildungsroman' *Wilhelm Meister* seit den 1980er Jahren eine Forschungstradition der *gender*-Studies, die den Anteil weiblicher Figuren am Bildungsprozess der Protagonisten kritisch reflektieren. Sie sollten Ihre Arbeit als Beitrag in einer Diskussion verstehen, in der schon andere vor Ihnen gesprochen haben. Spitzen Sie Positionen zu, formulieren Sie Konflikte aus.

Fragestellung, Methode und Gang der Untersuchung

Vor dem Hintergrund der bisherigen Forschungsgeschichte können Sie exakt bestimmen, woran Sie anschließen werden: Sie können den Ort Ihrer Untersuchung genau bestimmen und Ihre Fragestellung ebenso präzise formulieren wie Sie die Wahl der Theorien und Methoden begründen können, die Ihnen bei der Beantwortung helfen sollen. Wenn Sie Ihr Vorhaben auf diese Weise knapp in den Forschungskontext eingeordnet haben, sollten Sie kurz skizzieren, welche Schritte Sie in Ihrer Untersuchung unternehmen wollen (Gang der Untersuchung). Wenn nötig, sollten Sie zentrale Begriffe, die Sie verwenden werden, kurz definieren. Und vielleicht können Sie hier auch schon eine These formulieren, die Ihre Untersuchung leiten wird.

4 Hauptteil

Der beste Rat für den Hauptteil lautet: Verfolgen Sie konsequent Ihre Fragestellung. Gliedern Sie Ihre Argumentation stringent und schreiben Sie Kapitel, die auf einander aufbauen. Machen Sie diese logischen Anschlüsse deutlich und formulieren Sie explizit.

Für die einzelnen Kapitel Ihrer Untersuchung sollten Sie Überschriften finden, in denen Sie möglichst präzise formulieren, um was es gehen wird. Im Idealfall gelingt es Ihnen, in der Überschrift auch schon die These zu konzentrieren, die Sie im Abschnitt Ihrer Untersuchung beweisen wollen.

5 Schluss

Im Schlusskapitel fassen Sie noch einmal Ihre Untersuchungsergebnisse zusammen. Stellen Sie sich die Frage, was Ihre Untersuchung gezeigt hat und auf welchem Weg Sie zu diesen Ergebnissen gekommen sind. Sie erinnern hier noch einmal daran, was Sie tun wollten. Denken Sie an Ihre Einleitung zurück. Dort hieß es: „Die vorliegende Arbeit soll ....“ – Jetzt sollten Sie in der Vergangenheit formulieren können: „Die vorliegende Arbeit hat ...“. Rekapitulieren Sie die einzelnen Untersuchungsschritte noch einmal in wenigen Sätzen. „Die Arbeit hat in einem ersten Schritt gezeigt, dass ....“

Im Idealfall ist der Plan, den Sie in der Einleitung entworfen haben, genau aufgegangen. Häufiger hat man sich aber im Verlauf der Untersuchung von der ursprünglichen, noch abstrakten Konzeption entfernt. Das hat man meistens mit guten Gründen getan. In einem solchen Fall sollten Sie die Einleitung noch einmal überarbeiten und den Plan anpassen, den Sie dort entworfen haben. Das gleiche gilt für Ihre Untersuchung insgesamt: Wenn Sie am Schluss angekommen sind, können Sie mit einigem Abstand genauer sehen, welche Teilergebnisse die einzelnen Untersuchungsschritte erbracht haben. Sie sollten Ihren Text auch daraufhin noch einmal lesen und, wenn nötig, die Formulierungen verstärken, mit denen diese Ergebnisse zum Ausdruck gebracht werden. – Wenn man dagegen im Schlusskapitel für einen Abschnitt der Arbeit beim besten Willen keine Funktion angeben kann, sieht man spätestens hier, dass er für die Beantwortung der Fragestellung vermutlich überflüssig war. Vielleicht ist es dann sogar besser, ihn ganz zu streichen. – Schließlich können Sie im Schlusskapitel überlegen, welche weiterführenden Untersuchungen sich nun anschließen lassen würden. Damit können Sie zeigen, dass Sie Ihre Arbeit in einen größeren Kontext einordnen können.

6 Literaturverzeichnis

Am Ende jeder wissenschaftlichen Arbeit steht ein Verzeichnis der Literatur, die man in den Fußnoten zitiert hat. Man sortiert die Einträge in zwei Kategorien:

1. „Textausgaben", also die untersuchten (literarischen) Texte (möglich auch als Überschrift: „Primärliteratur") und
2. „Forschungsliteratur" (oder „Sekundärliteratur").
Geordnet wird die Liste jeweils in alphabetischer Reihenfolge nach dem Nachnamen (mittelalterliche Autoren werden nach Ihrem Vornamen alphabetisch geordnet). Wenn ein Name mehrfach nacheinander (etwa bei zwei verschiedenen Publikationen desselben Autors) oder mehrfach in einer einzelnen bibliographischen Angabe auftaucht (etwa weil der Herausgeber selbst einen Aufsatz in dem Sammelband verfasst hat), schreiben Sie ‚derselbe', ‚dieselbe', ‚hg. von denselben/demselben/derselben' etc. – abgekürzt also: „ders.", „dies.", „hg. von dens./dems./ders.", etc. je nach grammatischem Bezug. Im Literaturverzeichnis endet jeder Eintrag mit einem Punkt. – Ein Literaturverzeichnis einer Hausarbeit über GOETHES Vampir-Ballade *Die Braut von Corinth* könnte z.B. so aussehen:

1. Textausgabe
Goethe, Johann Wolfgang: Die Braut von Corinth. Gedichte 1756–
 1799. Hg. v. Karl Eibl. Frankfurt/Main 1987 (Goethe, Jo-
 hann Wolfgang: Sämtliche Werke, Briefe, Tagebücher und
 Gespräche. 40 Bde. in 2 Abt. Hg. v. Friedmar Apel u.a.
 Frankfurt/Main 1987ff., Bd. 1/1), S. 686–692.

2. Forschungsliteratur
Decker, Jan-Oliver: Problematisierte Grenzen – Begrenzte Probleme.
 Grenzerfahrung in Schillers ‚Der Taucher' und Goethes
 ‚Die Braut von Corinth'. In: Weltentwürfe in Literatur und
 Medien. Phantastische Wirklichkeiten – realistische Ima-
 ginationen. Festschrift für Marianne Wünsch. Hg. v. Hans
 Krah u. Claus-Michael Ort. Kiel 2002, S. 71–94.
Graham, Ilse: Die Theologie tanzt. Goethes Balladen ‚Die Braut
 von Korinth' und ‚Der Gott und die Bajadere'. In: Goethe.
 Schauen und Glauben. Hg. v. ders. Berlin, New York 1988,
 S. 253–284.
Mayer, Matthias: Goethes vampirische Poetik. Zwei Thesen zur
 ‚Braut von Corinth'. In: Jahrbuch der Deutschen Schiller-
 gesellschaft 43 (1999), S. 148–158.
Mecklenburg, Norbert: Balladen der Klassik. In: Deutsche Literatur
 zur Zeit der Klassik. Hg. von K. O. Conrady, Stuttgart
 1977, S. 154–171.

Müller-Seidel, Walter: Goethe. Die Braut von Korinth. In: Geschichte im Gedicht. Texte und Interpretationen. Protestlied Bänkelsang, Ballade, Chronik. Hg. v. Walter Hinck. Frankfurt/Main 1979, S. 79–86.

Rahe, Konrad: „Als noch Venus' heitrer Tempel stand". Heidnische Antike und christliches Abendland in Goethes Ballade ‚Die Braut von Corinth'. In: Antike und Abendland 45 (1999), S. 129–164.

Schemme, Wolfgang: Goethe: Die Braut von Korinth. Von der literarischen Dignität des Vampirs. In: Wirkendes Wort 36 (1986), S. 335–346.

Schulz, Gerhard: Die Braut von Corinth. In: Goethe-Handbuch Bd. 1: Gedichte. Hg. v. Bernd Witte u.a. Stuttgart, Weimar 1996, S. 288–290.

Ders.: „Liebesüberfluss". Zu Goethes Ballade ‚Die Braut von Corinth'. In: Jahrbuch des Freien Deutschen Hochstifts N. F. 1996, S. 38–69.

Volckmann, Silvia: „Gierig saugt sie seines Mundes Flammen". Anmerkungen zum Funktionswandel des weiblichen Vampirs in der Literatur des 19. Jahrhunderts. In: Weiblichkeit und Tod in der Literatur. Hg. v. Renate Berger u. Inge Stephan. Köln, Wien 1987, S. 155–176.

Für die Formatierung Ihrer Hausarbeit gelten formale Vorgaben, die von Universität zu Universität variieren. Informieren Sie sich bei Ihrer Dozentin bzw. Ihrem Dozenten. Halten Sie sich unbedingt an die Vorgaben wie etwa die Beschränkung des Umfangs. Sie müssen in der Lage sein, eine Fragestellung auf einem begrenzten Raum präzise und umfassend zu beantworten.

Zur Einrichtung der Seiten in Ihrem Textverarbeitungsprogramm finden Sie hier als Anhaltspunkte einige verbreitete Angaben:

Seitenrand
▶ oben und unten 3 cm
▶ links 2 cm, rechts 4–5 cm (Korrekturrand).

Schriftart: Times New Roman
▶ Haupttext 12 Punkt, 1,5-zeilig, Blocksatz

▶ Längere Zitate eingerückt rechts und links um 1 cm, Schriftgröße 10 Punkt Fußnoten in Times New Roman 10 Punkt, einzeilig, die Anführungszeichen können entfallen, weil die Markierung als Zitat durch die Einrückung deutlich wird.

▶ Fußnoten: Schriftgröße 10 Punkt, einzeilig, Blocksatz.

Seitenzahlen

▶ Sie müssen die Seitenzahlen fortlaufend nummerieren, gezählt wird von der Titelseite an, sichtbar aber erst ab der Einleitung. Mit Hilfe von Textverarbeitungsprogrammen geht das automatisch.

---

1 Überschrift

„Zitat Zitat Zitat Zitat Zitat Zitat Zitat Zitat Zitat, Zitat Zitat Zitat Zitat."[1] Text Text Text Text Text Text Text Text Text Text Text Text Text Text Text Text. Text Text Text Text Text Text. Text Text Text Text Text Text Text Text Text Text Text. Text Text Text Text Text Text Text Text Text Text Text Text Text Text Text Text Text Text. Text Text Text Text Text Text Text Text Text Text Text Text Text Text Text Text Text Text Text Text Text Text Text Text Text Text Text. Text Text Text Text Text Text Text, Text Text Text Text Text Text Text Text Text Text Text Text Text Text Text Text Text Text Text Text Text Text Text Text Text. Text Text Text Text Text Text Text Text Text Text Text Text Text Text Text Text Text Text Text Text Text. Text Text Text Text Text Text Text Text Text Text Text Text Text Text Text Text Text Text. Text Text.

Langzitat Langzitat [...] Langzitat Langzitat Langzitat Langzitat Langzitat Langzitat Langzitat Langzitat "Zitat im Zitat" Langzitat Langzitat Langzitat Langzitat Langzitat Langzitat Langzitat Langzitat Langzitat Langzitat.[2]

Text Text Text Text Text Text Text Text Text Text Text, Text Text Text Text Text Text Text Text Text Text Text Text Text Text Text Text Text Text Text Text Text Text Text Text Text Text.[3] Text Text Text Text Text Text Text Text Text Text Text Text Text Text Text Text Text, Text Text Text Text Text Text Text Text Text Text Text Text Text. Text Text Text Text Text Text Text Text Text Text Text Text Text Text Text Text Text Text Text Text Text Text Text Text Text Text Text Text Text Text Text Text Text Text Text Text. Text Text Text Text Text Text Text Text Text Text Text Text Text Text Text Text Text Text. Text Text Text Text Text Text Text Text Text.

1.1 Überschrift

Text Text Text Text, Text Text Text Text Text Text Text Text Text Text Text Text Text Text Text Text Text Text Text Text Text Text Text Text Text Text Text Text Text:

Verszitat Verszitat
Verszitat
Verszitat Verszitat
Verszitat
Verszitat Verszitat
Verszitat[4]

Text Text Text Text Text Text Text Text Text Text Text Text Text Text Text Text Text Text Text. Text Text Text Text Text Text Text Text Text Text Text Text Text Text Text Text Text Text Text Text Text Text Text Text Text Text Text Text. Text Text Text Text. Text Text Text Text.

---

[1] Fußnotentext Fußnotentext Fußnotentext Fußnotentext Fußnotentext Fußnotentext Fußnotentext Fußnotentext Fußnotentext Fußnotentext Fußnotentext Fußnotentext, Fußnotentext Fußnotentext. Fußnotentext Fußnotentext Fußnotentext Fußnotentext Fußnotentext
[2] Fußnotentext.
[3] Fußnotentext Fußnotentext Fußnotentext Fußnotentext Fußnotentext Fußnotentext Fußnotentext Fußnotentext.
[4] Fußnotentext Fußnotentext Fußnotentext.

Seitenzahl

Arbeit mit Formatvorlagen
In Word und vielen anderen Programmen können Sie Überschriften, Stan-
dardtext und Zitate automatisch mit Hilfe von ,Formatvorlagen' forma-
tieren. Das hat den Vorteil, dass Sie einen Absatz markieren können und
ihm automatisch einen Status (Haupttext, Eingerücktes Zitat, Überschrift
1, Überschrift 2 etc.) und damit gleichzeitig auch eine Formatierung zu-
weisen können. Wenn Sie das getan haben, können Sie anschließend auch
das Inhaltsverzeichnis automatisch erstellen und die Seitenzahlen immer
wieder aktualisieren lassen. Sie können sich damit viel Mühe ersparen
und Fehler vermeiden. – Informieren Sie sich also unbedingt über die
Funktionen Ihres Textverarbeitungsprogramms („Hilfe").

1. **Problemstellung und Ergebnis.** Haben Sie Ihr Thema bzw. Ihre zentrale Problemstellung in der Einleitung klar formuliert? Verfolgt Ihre Argumentation durchgängig diese Problemstellung? Ist die Arbeit dafür sinnvoll gegliedert? Haben Sie die zentralen Quellen diskutiert? Kommen Sie zu einem plausiblen Ergebnis?
2. **Argumentation.** Ist der Zusammenhang Ihrer Argumentation erkennbar und nachvollziehbar? Haben Sie alle Argumentationsschritte explizit formuliert?
3. **Verhältnis zum untersuchten Text.** Haben Sie alle Beobachtungen und Thesen ausreichend am literarischen Text belegt? Haben Sie eine gute Ausgabe des Texts benutzt (im Idealfall eine Studien- oder eine historisch-kritische Ausgabe)?
4. **Verhältnis zur Forschung.** Haben Sie die relevante Forschungsliteratur (ältere und auch aktuelle) zum Thema berücksichtigt? Kennen Sie den Ort Ihrer Arbeit im Feld der Forschung? Haben Sie alle Beobachtungen und Thesen, die aus der Forschungsliteratur übernommen worden sind, eindeutig nachgewiesen? Kann Ihre Leserin oder Ihr Leser zwischen den Ergebnissen der Forschungsliteratur und Ihren eigenen Ergebnissen bzw. Bewertungen unterscheiden? Haben Sie die Forschungsliteratur kritisch gelesen und haben Sie berechtigte Einwände formuliert bzw. findet eine produktive Auseinandersetzung statt?
5. **Terminologie.** Haben Sie die germanistische Terminologie korrekt verwendet? Haben Sie die zentralen Begriffe mit Hilfe eines Fachlexikons geklärt und bei Bedarf eine Definition gegeben? (Je nach Thema sollten Sie vielleicht auch noch einmal in eine Einführung in die Lyrik-, Prosa- oder Dramenanalyse schauen.)
6. **Zitiertechnik und bibliographische Angaben.** Haben Sie alle Zitate wortgetreu wiedergegeben und alle etwaigen Veränderungen markiert? Sind alle Quellenangaben korrekt? Sind Zitierweise und bibliographische Angaben konsequent?
7. **Sprache und Stil.** Ist der Text klar und deutlich formuliert? Haben Sie die geltenden Regeln der Rechtschreibung und Zeichensetzung beachtet?

Arbeitsplan

1. **Vorläufige Themensuche.** Überlegen Sie sich, welche Texte und Problemkomplexe Sie insbesondere interessieren. Suchen Sie provisorisch nach Forschungsliteratur dazu (MLA, BDSL, Schmidt). Auch auf diese Weise können Sie mögliche Themen für eine Hausarbeit finden: Wenn Sie einen Beitrag entdecken, der Sie interessiert, überfliegen Sie ihn. Vielleicht können Sie daran anschließen.
2. **Sprechstunde.** Gehen Sie in die Sprechstunde oder kontaktieren Sie Ihre Dozentin oder Ihren Dozenten per E-Mail, um das Thema Ihrer Hausarbeit zu klären. Je genauer Sie (nach der vorläufigen Themensuche) Ihre eigenen Interessen formulieren können, desto produktiver wird das Gespräch für Sie verlaufen. Wenn Sie per E-Mail kommunizieren, formulieren Sie dazu ein paar Zeilen (Exposé), um Ihre Vorstellung von einem Hausarbeitsthema zu konkretisieren. Fragen Sie Ihre Dozentin oder Ihren Dozenten unbedingt nach formalen Vorgaben (Form der bibliographischen Angaben, Umfang, Abgabetermin – an vielen Universitäten gibt es auf der Homepage des Seminars ein eigenes Dokument mit den gültigen Richtlinien). Entscheiden Sie sich jetzt für ein Modell der bibliographischen Angaben, das Sie konsequent verfolgen werden. So sparen Sie sich später viel Mühe.
3. **Begriffsklärung und Bibliographie.** Wenn Sie nach dem Besuch der Sprechstunde Ihr Thema und Ihre Fragestellung festgelegt haben, überlegen Sie, welche Teilaspekte relevant sind hat. Klären Sie zentrale Fachbegriffe mit Hilfe eines Fachlexikons, suchen Sie nach spezieller Forschungsliteratur (BDSL, MLA, Germanistik) zu Ihrem Thema. Beschaffen Sie sich die Literatur.
4. **Lesen und Exzerpieren.** Lesen Sie Ihre Quellen noch einmal auf Ihre Fragestellung hin, streichen Sie wichtige Passagen an. Exzerpieren Sie die relevanten Forschungsbeiträge, formulieren Sie in einem Dokument eigene Beobachtungen.
5. **Problem formulieren, Untersuchung gliedern.** Nachdem Sie den Text und die Forschungsliteratur gelesen haben und bereits einige Bruchstücke geschrieben haben, schreiben Sie eine provisorische Einleitung. Entwickeln Sie darin eine Problemstellung, versuchen Sie das Interesse der Leserin oder des Lesers zu wecken (und damit gleichzeitig sich selbst zu motivieren). Gliedern Sie das Material, das Sie gefunden haben.
6. **Schreiben Sie Ihre Hausarbeit.** Schreiben Sie Ihre Untersuchung.
7. **Korrigieren.** Lesen Sie Ihren Text gründlich Korrektur. Dafür brauchen Sie mehrere Durchgänge, denn es gibt zwei verschiedene Arten des Korrekturlesens: zunächst lesen Sie den Text inhaltlich mit Blick auf logische Kohärenz und Stringenz; dann lesen Sie ihn Korrektur mit Blick auf Grammatik und Orthographie (Ihr inhaltliches Verständnis müssen Sie dabei ganz ausschalten, sonst lesen Sie schnell über Fehler hinweg). Geben Sie Ihren Text außerdem anderen Korrekturlesern: Man ist den eigenen Texten gegenüber meistens kritischer und unkritischer zugleich.

Prüfungen

Sie lernen im Studium, Texte zu lesen und kompetent darüber zu sprechen und zu schreiben: In den Prüfungen zum Abschluss der Lehrveranstaltungen und am Ende des Studiums müssen Sie diese erworbenen Kompetenzen unter Beweis stellen. Auch für das Verhalten in diesen Prüfungssituationen gibt es natürlich eine Reihe von nützlichen Hinweisen. Im Folgenden nenne ich darum einige Ratschläge für die Abschlussarbeit, für Klausuren und mündliche Prüfungen. Allerdings gilt eine wichtige Einschränkung: Prüfungen sind Stresssituationen, und unter Druck reagieren Menschen sehr verschieden. Ähnliches gilt auch für das Lernen: Eine bestimmte Methode zur Vorbereitung auf die Prüfung kann für die eine hilfreicher sein als für den anderen. Und zuletzt gilt auch hier, dass Sie die Verhaltensweisen, die für Sie angemessen sind, vor allem lernen, indem Sie selbst Erfahrungen sammeln. – Trotz aller Unterschiede gibt es aber doch drei allgemeine Ratschläge, die Sie beherzigen sollten.

Der erste Rat lautet: Machen Sie sich klar, was in einer wissenschaftlichen (Abschluss-)Prüfung von Ihnen gefordert wird. – Zum einen sollten Sie auf jeden Fall Ihre Prüferinnen und Prüfer fragen, was sie von Ihnen erwarten. Zum anderen sollten Sie sich selbst vergegenwärtigen, was auf Sie zukommt. Es wird zum Beispiel um Ihre Fähigkeit gehen, auf der Basis der vorliegenden Forschungsliteratur eine größere Untersuchung durchzuführen, das heißt: Sie beweisen Ihre Fähigkeit, eigenständig wissenschaftlich zu arbeiten. In einer Klausur werden dagegen eher Ihr fachliches Wissen und Ihre exakten analytischen Fähigkeiten im Vordergrund stehen, in einer mündlichen Prüfung stärker Ihr fachliches Reflexionsvermögen und methodisches Problembewusstsein. – In der Regel ist es gut, wenn Sie sich breiter über Ihr eng eingegrenztes Thema hinaus informieren, denn die reine Wiedergabe von speziellem Detailwissen wird vermutlich in keinem Fall einen hohen Stellenwert besitzen.

Der zweite Rat lautet: Üben Sie! In gewisser Weise haben Sie natürlich schon während Ihres ganzen Studiums geübt. Denn in der Prüfungssituation werden noch einmal genau diejenigen Kompetenzen gefordert, die Sie im Studium erworben haben: Sie haben Hausarbeiten geschrieben, im Seminar Referate gehalten und diskutiert. Viele Erfahrungen, die Sie dabei gesammelt haben, werden Sie wieder aktivieren können. Aber es gibt auch Möglichkeiten, sich speziell auf die Prüfungssituation einzustellen (mehr dazu unten unter den einzelnen Punkten).

Der dritte Rat lautet: Kennen Sie Ihre Prüferinnen und Prüfer. Denn Sie präsentieren nicht nur abstrakt Ihr Wissen und Ihre Kompetenzen, sondern Ihre Aussagen sind auch adressiert an eine reale Person, die bestimmte Erwartungen hat. Manche von diesen Erwartungen können Sie leicht in Erfahrung bringen (etwa bestimmte formale Konventionen in der Hausarbeit), und Sie können ihnen leicht entsprechen. Aber es ist in vielen Fällen auch gut, wenn Sie den Argumentations- und Diskussionsstil Ihres Gegenübers kennen.

Eine Prüferin oder einen Prüfer für die Abschlussprüfung finden
Lernen Sie Ihre Prüferin oder Ihren Prüfer für die Abschlussprüfung nicht zu spät kennen: Denken Sie schon während des Studiums provisorisch daran, von welcher Dozentin oder welchem Dozenten Sie gerne geprüft würden. Ihre Wahlmöglichkeiten werden nur dadurch eingeschränkt, dass nicht alle Dozierenden auch in allen Studiengängen Prüfungen abnehmen dürfen. Informieren Sie sich also rechtzeitig auch darüber. Es gibt noch eine zweite Einschränkung: Oft verlangen Dozentinnen und Dozenten, dass Sie ein Seminar bei ihnen besucht haben, wenn Sie als Prüfling zugelassen werden wollen. Ein Grund mehr also, schon während des Studiums mögliche Optionen für die Abschlussprüfung im Blick zu haben.

Es gibt Lösungen für alle Probleme: Prüfungsphasen bringen oft großen Stress und die verschiedensten Komplikationen mit sich. Aber so beängstigend oder unlösbar Ihnen ein Problem auch erscheint – alles ist doch schon einmal dagewesen. Und meistens lassen sich Probleme leicht lösen, wenn Sie wieder einen klaren Kopf gewonnen haben. Sprechen Sie darum möglichst bald mit einer Freundin oder einem Freund. Wenn das nicht hilft, wissen in vielen Fragen auch Ihre Prüferin oder Ihr Prüfer oder die Mitarbeiterinnen und Mitarbeiter im Prüfungsamt Rat. An jeder Universität gibt es außerdem professionelle Beratungsstellen. Wenn Sie das Gefühl haben, dass Sie Hilfe brauchen, zögern Sie nicht, diese Angebote auch in Anspruch zu nehmen. – Übrigens ist selbst der scheinbar schlimmste Fall, dass man eine Prüfung nicht besteht, auf den zweiten Blick so schlimm auch wieder nicht: Man kann Prüfungen natürlich wiederholen und die einmal gemachten Fehler beim zweiten Durchgang vermeiden.

Die Bachelor- oder Masterarbeit ist eine wissenschaftliche Arbeit, die in vielen Hinsichten eine normale Hausarbeit übertrifft. Natürlich gelten immer noch alle Überlegungen zum Schreiben einer Hausarbeit, die Sie in Kapitel 4 nachlesen können. Aber die Fragestellung ist umfangreicher, die Seitenzahl ist höher, Sie haben einen längeren Zeitraum für die Bearbeitung usw. Und auch die inhaltlichen Anforderungen sind gestiegen: Man erwartet von Ihnen, dass Sie jetzt wirklich eigenständig wissenschaftlich arbeiten können. Das zu untersuchende Problem, das Sie selbst für die Bearbeitung strukturieren müssen, kann darum komplexer sein, schließlich sind Sie auch methodisch versierter als zu Beginn Ihres Studiums. Sie können sich in der Forschungslandschaft orientieren, die maßgeblichen Studien identifizieren, beschaffen, lesen, produktiv aufnehmen und eine eigene begründete Forschungsposition formulieren.

Im Normalfall wird Ihre Prüferin oder Ihr Prüfer gemeinsam mit Ihnen nach einem möglichen Thema suchen: Denn Abschlussarbeiten werden nicht nur benotet, sondern ihre Entstehung wird auch betreut und begleitet. Finden Sie also einen gemeinsamen Gesprächstermin. Im Idealfall können Sie zu diesem Termin schon sagen, welcher Themenbereich Sie interessiert. Wenn Sie nach einem interessanten Thema suchen, denken Sie noch einmal an die Seminare zurück, die Sie besucht haben. Vielleicht können Sie sogar eine Hausarbeit zu einer Abschlussarbeit erweitern, aber auch der Gedanke, dass Sie ein ganz neues Thema von Grund auf systematisch und methodisch reflektiert erarbeiten können, ist attraktiv. Vielleicht können Sie auf einen bestimmten Aspekt aus Ihren Seminaren fokussieren, der Ihnen im Lauf Ihres Studiums aufgefallen ist; sich ein Problemfeld erschließen, dass Sie interessiert; oder Sie stellen einen Text in den Mittelpunkt, den Sie während des Studiums für sich entdeckt haben.

Wenn Sie sich mit Ihrer Betreuerin oder Ihrem Betreuer auf eine erste Themenformulierung geeinigt haben, beginnen Sie mit der Konzeption: Verschaffen Sie sich möglichst schnell einen Überblick über die Dimensionen Ihres Themas, und versuchen Sie anschließend ein knappes Exposé zu schreiben, in dem Sie über die geplante Fragestellung, die Methode und die Materialbasis Auskunft geben und eine vorläufige Gliederung entwerfen. Sie können im Prozess der Arbeit natürlich davon abweichen, aber ein solches Exposé gibt Ihnen eine erste Orientierung. Wenn möglich: Besprechen Sie das Exposé mit Ihrer Betreuerin oder Ihrem Betreuer, gehen Sie – je nach Zeitbudget – mindestens noch einmal in die Sprechstunde, um über den Fortschritt oder über Probleme und Krisen Ihrer Arbeit zu sprechen. Holen Sie sich die fachliche Rückmeldung, und sei es nur, um sich zu motivieren.

Da die Abschlussarbeit also in vielen Hinsichten umfangreicher und komplexer ist als alle Arbeiten, die Sie bisher geschrieben haben, müssen Sie auch besser planen als bisher: Sie werden mehr Material organisieren müssen, also sollten Sie wirklich gründlich und systematisch arbeiten. Sie werden über einen längeren Zeitraum an dem Thema arbeiten, also sollten Sie auch einen guten und möglichst realistischen Zeitplan für Ihre Arbeit machen. Planen Sie Zeit für die Recherche, das Lesen von Quellen und Forschung sowie das Schreiben der einzelnen Kapitel ein. Unterteilen Sie Ihren Plan in einzelne Arbeitsschritte (z.B. gegliedert nach Kapiteln), so dass Sie ein gutes Gefühl dafür haben, ob Sie noch in der Zeit sind. Planen Sie möglichst auch mehrere Pufferzeiten von zwei oder drei Tagen ein, so dass Sie Spielraum haben, wenn ein Arbeitsschritt länger dauert als geplant. Beginnen Sie nicht zu spät mit dem Schreiben. Und wenn es am Anfang mit dem Schreiben nur langsam voran geht, vertrauen Sie darauf, dass Sie mit zunehmender Dauer auch mehr Routine bekommen werden. Ihr Schreibtempo wird also steigen. – Wenn Sie einen solchen Zeitplan haben, halten Sie sich daran. Und wenn Sie merken, dass Sie ihn nicht einhalten können: Reagieren Sie darauf und versuchen Sie neu zu disponieren. Planen Sie am Ende genügend Zeit zum Korrekturlesen (geben Sie Ihre Arbeit vor der Abgabe einer Freundin oder einem Freund) und zum Umsetzen der Korrekturen ein. Das Gleiche gilt für das Ausdrucken und Binden vor der Abgabe. Und nicht zuletzt: Planen Sie auch Zeiten ein, in denen Sie sich erholen können.

An Beispielen lernen
Wenn Sie die Möglichkeit dazu haben: Sehen Sie sich Abschlussarbeiten von
anderen Studierenden an, um Beispiele vor Augen zu haben, die vor dem
kritischen Blick einer Prüferin oder eines Prüfers bestanden haben (wenn
Sie niemanden kennen, der Ihnen ein Exemplar zur Verfügung stellen kann,
fragen Sie in der Bibliothek, denn manchmal werden die Arbeiten hier ge-
sammelt). Ein Blick auf ein solches Beispiel kann Ihnen mitunter Sicherheit
in Fragen der formalen Gestaltung geben, er kann auch hilfreich sein bei
Fragen nach einem angemessenen Stil oder einer guten Gliederung. – Wenn
Sie einen Blick in eine solche fertige Abschlussarbeit werfen und sie be-
eindruckend finden: Erstarren Sie nicht vor Ehrfurcht. Auch Ihre Arbeit wird
am Ende mit Sicherheit so ähnlich aussehen.

Klausuren schreiben heißt Schreiben unter Druck. Darum müssen
Sie mit der knappen Zeit, die Ihnen zur Verfügung steht, gut haus-
halten. Lesen Sie die gestellten Aufgaben gründlich durch und
machen Sie sich klar, wonach genau gefragt ist. Das ist die wichtigste Voraussetzung dafür, dass Sie später möglichst wenig Zeit
mit unwichtigen Dingen verlieren. Nehmen Sie sich die nötige Zeit
für die Analyse und einen kurzen Konzeptentwurf. Und schreiben
Sie anschließend eine präzise Antwort, bei der Sie auch die Belege
für Ihre Argumente nicht vergessen. Eine Faustregel sagt, dass Sie
etwa 1/3 der Zeit für das Konzept und 2/3 der Zeit für die schrift-
liche Ausarbeitung einplanen sollten. Denken Sie auch – ganz
praktisch – daran, vor der Abgabe die Seiten in der richtigen
Reihenfolge zu nummerieren.

Und: Üben Sie vorher das Schreiben von Klausuren. Manchmal
gibt es alte Klausuren zur Ansicht im Institut oder bei der Fachschaft. Sie sollten sich diese Klausuren nicht nur mit Blick auf den
Inhalt und die möglichen Fragestellungen anschauen, sondern auch
einmal eine oder zwei Klausuren zur Probe schreiben. Oft liegt die
letzte selbst geschriebene Klausur länger zurück, und Sie werden
die Erfahrung machen, dass das handschriftliche Schreiben unter
Druck eine schmerzhafte Angelegenheit sein kann. Die Erfahrung
ist auch nützlich, damit Sie abschätzen können, ob Ihre Handschrift trotz aller Verkrampfung leserlich bleibt – schließlich
wollen Sie, dass Ihre Prüferin oder Ihr Prüfer Ihre Arbeit gerne

liest. Wenn Sie eine solche Klausur zur Probe schreiben, dann halten Sie sich exakt an die Bedingungen, die Sie auch in der Prüfung haben werden. So bekommen Sie ein Gefühl dafür, wie Sie sich die Zeit einteilen müssen.

Klausurthemen gelten oft für mehrere Studierende zugleich. Darum sollten Sie auch – wenn sich die Möglichkeit bietet – gemeinsam lernen. In der Gruppe können Sie den Stoff diskutieren und sich gegenseitig motivieren. Wenn Sie eine ältere Klausur zur Probe schreiben, können Sie auch das gemeinsam tun und Ihre Ausarbeitungen gegenseitig korrigieren. Wenn es keine solchen Klausuren gibt: Versuchen Sie, sich gegenseitig eine Klausur zu stellen, so dass Sie wenigstens einmal die Möglichkeit zum Üben haben.

Mündliche Prüfungen sind Gespräche. Im Idealfall entwickelt sich eine Diskussion zwischen zwei kompetenten Gesprächsteilnehmern. Denn hier werden in der Regel nicht nur Textkenntnis und Lehrbuchwissen abgefragt, das Sie auswendig gelernt haben – das wäre auch für den Prüfer oder die Prüferin eine extrem langweilige Angelegenheit. Interessant für beide Seiten wird ein Prüfungsgespräch erst dann, wenn es um einen Austausch von Argumenten geht. Dann können Sie unter Beweis stellen, dass Sie das Studienfach Germanistik wirklich beherrschen.

Mit dem Hinweis auf den Gesprächscharakter einer mündlichen Prüfung ist gleichzeitig auch gesagt, dass Sie einen Einfluss auf den Verlauf des Gesprächs haben. Natürlich bleibt es dabei, dass Sie Fragen beantworten müssen, aber Sie haben während einer Prüfung immer wieder auch die Möglichkeit, implizit Angebote zu machen, worüber Sie reden wollen. Der einfachste Fall sind Prüfungsfragen, die Sie mit einem Beispiel beantworten können: „Das kann man zum Beispiel an … zeigen." Damit bringen Sie einen Gegenstand ins Gespräch, über den man anschließend weiter sprechen kann. Es gibt auch Strategien, um eine prekäre Situation aufzulösen. Wenn Sie zum Beispiel wissen, dass Sie auf eine Frage keine Antwort haben, gibt es zwei Möglichkeiten: Entweder Sie sagen offen, dass Sie keine Antwort haben. Das passiert in vielen Prüfungsgesprächen und wirkt sich (wenn es im Gespräch ein oder zwei Mal vorkommt) nicht einmal negativ auf die Note aus. Eine solche offene Antwort erspart Ihnen weitere Nachfragen oder gut gemeinte Versuche der Gegenseite, Ihnen auf die Sprünge zu helfen (sie würden die prekäre Situation nur verlängern). Oder die Alternative: Sie versuchen, sich eine mögliche Antwort durch eine Übertragungsleistung selbst zu erschließen. Wenn Sie sich sicher sind, dass Sie damit etwas Sinnvolles sagen, dann ist diese Strategie ratsam. Sie könnten zum Beispiel sagen, dass Sie exakt darauf keine Antwort geben können, aber dass die Dinge ja in einem anderen Fall ganz ähnlich liegen. Damit zeigen Sie, dass Sie das Problem grundsätzlich verstanden haben, und die Diskussion über einen anderen Gegenstand führen könnten. – Die schlechteste Möglichkeit mit dem eigenen Nichtwissen umzugehen, ist dagegen der Versuch, einfach weiter zu reden und zu hoffen, dass der Prüfer oder die Prüferin nichts davon merken wird. Damit wird man niemanden, der wirklich kompetent ist, über die eigene Unwissenheit hinwegtäuschen können, man breitet sie nur aus.

Natürlich ist das alles leichter gesagt als getan. Aber auch die mündliche Prüfungssituation kann man üben: Manchmal bieten Dozierende spezielle Examenskolloquien an, in denen die Prüfungssituation simuliert wird, oder Sie erhalten Gelegenheit, Ihr Prüfungsthema im Rahmen dieser Veranstaltung mündlich vorzustellen. Wenn es keine solchen Angebote gibt, helfen auch Freunde, die Ihnen zuhören, während Sie ausgewählte Aspekte Ihres Prüfungsthemas vortragen. Das längere zusammenhängende Reden über ein fachliches Thema ist eine ungewohnte Situation und darum eine gute Übung für die Prüfung. Wenn Ihre Zuhörerin oder Ihr Zuhörer nach Ihren Ausführungen Nachfragen stellen will: umso besser – beantworten Sie sie so, als säßen Sie in der Prüfung.

Wenn Ihre Prüferin oder Ihr Prüfer ein Thesenpapier für die Prüfung wünscht, ist das eine Chance für Sie. Schließlich bekommen Sie so nicht nur die Sicherheit, dass es keine Missverständnisse über die Prüfungsthemen geben wird, sondern Sie bekommen auch die Möglichkeit, Angebote für den Verlauf der Prüfung zu machen: Sie dürfen mitunter einzelne Themenkomplexe nennen, über die Sie sprechen könnten, oder Thesen aufstellen, die in der Prüfung diskutiert werden. Auf ein solches Thesenpapier sollten Sie darum einige Mühe verwenden.

Andere Prüfungen anhören
*Manchmal gibt es die Möglichkeit, bei mündlichen Prüfungen als Gast
zuzuhören. Meistens ist dafür Voraussetzung, dass Sie selbst bereit sind,
später im Gegenzug Hörer bei Ihrer eigenen mündlichen Prüfung zuzulas-
sen. Sie sollten auf jeden Fall darüber nachdenken: Sie werden viel Sicherheit gewinnen, wenn Sie einmal ein echtes Prüfungsgespräch gehört haben.
Denn Sie werden sehen, dass viele Ängste, die Sie vermutlich mit der Prüfung verbinden, unbegründet sind. – Viele Studierende zögern allerdings,
eine solche Möglichkeit wahrzunehmen, weil sie fürchten, in ihrer eigenen
Prüfung keine gute Figur zu machen und darum auch keine Gäste zulassen
wollen. Dagegen lässt sich nicht viel sagen außer: Das ist eine Angst, die
man erst verliert, wenn man selbst einmal eine Prüfung gesehen hat.*

Auswahlbibliographie

Es gibt eine ganze Reihe von fachlichen Fragen, die im Verlauf des Germanistikstudiums regelmäßig auftreten. – Und es gibt eine große Zahl von Nachschlagewerken, Überblicksdarstellungen und Einführungen, die dazu dienen, solche Fragen zu beantworten. Die folgende Bibliographie stellt diese Hilfsmittel für Sie zusammen. Sie soll nützlich sein, darum ist es keine umfassende Liste, sondern eine übersichtliche Auswahl der brauchbarsten und zuverlässigsten Referenzwerke. Sie sind nach den Fragestellungen gruppiert, bei deren Beantwortung sie hilfreich sind, und sie sind innerhalb der Gruppierung außerdem noch einmal hierarchisch geordnet: Diejenigen Nachschlagewerke und Hilfsmittel, die normalerweise besonders zuverlässig und brauchbar sind, stehen als ‚Standardwerke' immer am Anfang. Also: Wenn Sie etwa nach der Definition eines literaturwissenschaftlichen Begriffs suchen, können Sie in der entsprechenden Kategorie nachschauen und einfach mit dem ersten Buch in der Rubrik beginnen. Wenn Sie so vorgehen, werden Sie in der Regel nicht nur bestens informiert sein, sondern Sie können das Nachschlagewerk auch sicher zitieren. – Sie werden merken, dass ich auch fremdsprachige Nachschlagewerke in die Liste aufgenommen habe. Dazu noch ein Wort: Zwar sind die Texte, die man im Germanistikstudium untersucht, zum größten Teil auf deutsch verfasst, aber darüber geforscht wird natürlich international. Sie dürfen die fremdsprachige Forschungsliteratur darum keinesfalls ausschließen.

Damit Sie jeweils auch schon eine erste Vorstellung vom Inhalt bekommen und abschätzen können, ob sich der Gang zum Bibliotheksregal lohnt, finden Sie zu den genannten Büchern in der Regel ein paar kurze Informationen und bei den Lexika beispielhaft einige Lemmata (Stichworte). Einige der aufgeführten Nachschlagewerke sind auch online im Internet verfügbar (nicht unbedingt frei, aber doch im Hochschulnetz). Natürlich gibt es neben den aufgenommenen Büchern noch viele andere, die sehr brauchbar sind, aber hier nicht in der Bibliographie erscheinen. Es ist leicht zu sagen, wo sie stehen: Wenn Ihnen ein Buch für die Beantwortung einer Frage vielversprechend erscheint, dann können Sie sicher sein, dass Sie in jeder gut sortierten und systematisch aufgestellten Bibliothek (vor allem in der Institutsbibliothek) direkt daneben weitere Bücher zum selben Thema finden, die ähnlich hilfreich sind.

Die Fragestellungen bzw. Interessensgebiete, nach denen die Bibliographie thematisch geordnet ist, sind die folgenden:

1 Fachbegriffe

Wenn Sie nach Definitionen von literaturwissenschaftlichen Fachbegriffen (z.b. ‚Autor', ‚Metapher', ‚Sonett') suchen, finden Sie hilfreiche Informationen in den Lexika ab Seite 123.

2 Literaturtheorien

Wenn Sie speziell nach literaturtheoretischen Begriffen suchen, nach Einführungen in die Literaturtheorie insgesamt oder in eine spezielle Schule, dann finden Sie Literatur, die Ihnen weiterhilft, ab Seite 126.

3 Biographie und Werk einer Autorin oder eines Autors

Literatur, die Ihnen weiterhilft, wenn Sie nach Lebensdaten, wichtigen biographischen Wendepunkten oder nach dem gesamten Werk einer Autorin oder eines Autors fragen, finden Sie in der Liste ab Seite 130.

4 Informationen zu einzelnen Werken

Wenn Sie sich einen schnellen Überblick über den Inhalt einzelner Werke verschaffen wollen, gibt es vor allem ein wirklich gutes Hilfsmittel, das Sie auf Seite 133 finden.

5 Literaturgeschichtliches Überblickswissen

Wenn Sie sich einen Überblick über die Geschichte der deutschsprachigen Literatur insgesamt oder über einzelne Epochen verschaffen wollen, dann finden Sie entsprechende Darstellungen ab Seite 133.

6 Stoffe, Motive, Figuren, Symbole

Wenn Sie mehr über die Geschichte eines Stoffs (z.B. Iphigenie, Faust), eines Motivs (z.B. Doppelgänger, Inzest) oder die Bedeutungsdimensionen eines Symbols (z.B. Rose, Kerze) wissen wollen, dann finden Sie hilfreiche Nachschlagewerke ab Seite 136.

7 Nachbarwissenschaften

Wenn Sie nach Definitionen von Begriffen aus Nachbarwissenschaften der Germanistik suchen, etwa nach dem philosophischen Begriff der ‚Dialektik', dem Begriff der ‚Fuge' in der Musik, dem kunstgeschichtlichen Begriff des ‚Portraits', dem historisch-politischen Begriff des ‚Adels' oder ähnlichem, dann sollten Sie spezielle Nachschlagewerke aus diesen Wissenschaften zu Rate ziehen. Sie finden eine Reihe von solchen Nachschlagewerken (geordnet nach Fächern) ab Seite 139.

8 Alte Wörter und Gegenstände

Manchmal werden Sie Wörtern begegnen, die Sie nicht kennen oder deren Gebrauch ihnen seltsam vorkommt (so wird z.b. ‚Duft' bis ins 19. Jahrhundert noch gleichbedeutend mit ‚Dunst' verwendet). Manchmal sprechen alte Texte auch über Gegenstände, die man heute gar nicht mehr kennt, etwa das Phänomen des ‚animalischen Magnetismus', das auf manche Autorinnen und Autoren des späten 18. Jahrhunderts einige Faszination ausgeübt hat. Bei Fragen zu solchen Wortbedeutungen und -verwendungen oder unbekannten Dingen kann man eine Reihe von guten historischen Wörterbüchern und Enzyklopädien zu Rate ziehen. Sie finden sie auf Seite 144.

9 Bücherkunde, Einführungen in Arbeitstechniken, Internet

Zusammenstellungen von Nachschlagewerken, Überblicksdarstellungen und Einführungen, die nicht so rigoros auswählen wie die vorliegende Bibliographie, füllen leicht ganze Bücher. Sie finden eine kurze Zusammenstellung ab Seite 146. Außerdem sind hier einige andere Einführungen in die Arbeitstechniken der Germanistik genannt sowie drei Fachportale, die sich als Ausgangspunkte für Recherchen im Internet eignen.

Bibliographische Hilfsmittel

Wenn Sie nach bibliographischen Hilfsmitteln suchen, also nach Verzeichnissen der Forschungsliteratur zu einem Text oder Thema (etwa die *Bibliographie zur deutschen Sprach- und Literaturwissenschaft*), dann werden Sie nicht hier fündig, sondern im zweiten Abschnitt des Kapitels 4 (Schreiben von Hausarbeiten).

Wenn Sie nach einer Definition eines Fachbegriffs suchen (etwa: ‚Autor', ‚Intention', ‚Metapher' etc.), benutzen Sie nicht *Wikipedia* oder ein Konversationslexikon wie den *Brockhaus*. Sie erscheinen zwar durchaus informativ, aber sie sind natürlich nicht für ein Fachpublikum geschrieben. Die Informationen, die sie dort finden, sind möglicherweise grob vereinfacht und nicht unbedingt auf dem neuesten Stand der Forschung, denn in der Wissenschaft wird über die Definition von Fachbegriffen mitunter diskutiert und gestritten. Und weil Sie auf der Höhe der Forschung sein sollen und ihr Vokabular möglichst differenziert nach den Regeln der Wissenschaft verwenden müssen, benutzen Sie am besten eines von den folgenden Nachschlagewerken.

▶ **Reallexikon der Deutschen Literaturwissenschaft. 3 Bde. Hg. v. Klaus Weimar u. a. 3. Aufl. Berlin, New York 1997–2003. [RLL]**

Das *Reallexikon* ist das Standardwerk. Es ist mit Abstand das beste Hilfsmittel, um sich gründlich und systematisch über die Begriffe der Literaturwissenschaft und ihre Verwendung zu informieren. Rund 900 Begriffe wie ‚Bildungsroman', ‚Kontext' oder ‚Klassik' werden hier terminologisch erklärt. Allerdings wird nicht gesagt, was z.b. das ‚Wesen der Klassik' sein soll, sondern der Eintrag informiert darüber, wann der Begriff der ‚Klassik' im Sprachgebrauch der Literaturwissenschaft in welchen Bedeutungen Verwendung gefunden hat. Die Einträge behandeln überdies die Geschichte des Wortes selbst und seine Geschichte als Fachbegriff, sie nennen schließlich die anderen Begriffe, unter denen das bezeichnete Phänomen diskutiert worden ist. Anschließend wird die Geschichte des bezeichneten Gegenstands ebenso knapp skizziert wie die Geschichte seiner Erforschung. Jeder Eintrag bietet außerdem bibliographische Hinweise auf die wichtigste Forschungsliteratur. – Das *Reallexikon der Deutschen Literaturwissenschaft* ist die Neubearbeitung eines älteren *Reallexikons der deutschen Literaturgeschichte*, das man in vielen Fälle immer noch brauchen kann, wenn es um literaturgeschichtliches Wissen geht (5 Bde. Hg. v. Werner Kohlschmidt u. Wolfgang Mohr. Berlin, New York 1958–1988).

▶ **Metzler Lexikon Literatur. Begriffe und Definitionen. Hg. v. Dieter Burdorf, Christoph Fasbender u. Burkhard Moennighoff. Stuttgart ³2007.**
▶ **Gero von Wilpert: Sachwörterbuch der Literatur. Stuttgart ⁸2001.**

Mit dem *Metzler Lexikon Literatur* und dem *Sachwörterbuch der Literatur* gibt es neben dem dreibändigen *Reallexikon* zwei einbändige Wörterbücher der Literaturwissenschaft, die so günstig sind, dass auch Studierende sie kaufen können. Beide Lexika enthalten eine große Zahl von Einträgen (ca. 3600 Begriffe im *Metzler Lexikon*, ca. 5000 Begriffe bei *Wilpert*) und eignen sich immer zur ersten Orientierung. In beiden Lexika bieten die Einträge jeweils knappe Definitionen und historische Abrisse (z.b. zum ‚Abenteuerroman' jeweils etwa eine Seite) und nennen weiterführende Literatur. Sie sind aber so knapp formuliert, dass Sie normalerweise durch einen Blick in das *Reallexikon* ergänzt werden sollten. Wenn Sie ein solches einbändiges Lexikon benutzen, achten Sie unbedingt darauf, dass Sie eine möglichst aktuelle Ausgabe verwenden, besonders empfehlenswert ist darum gegenwärtig das *Metzler Lexikon Literatur.*

▶ **Historisches Wörterbuch der Rhetorik. Hg. von Gert Ueding u.a. 10 Bde. Tübingen 1992–2011.**

Das *Historische Wörterbuch der Rhetorik* ist ein universales Nachschlagewerk mit etwa 1300 Einträgen. Hier finden Sie Informationen zu rhetorischen Fachbegriffen wie der Figur der ‚Anapher', dem Stilideal der Eleganz (‚elegantia') oder dem Begriff der ‚Salutatio' (einer Grußformel zu Beginn in Briefen, für die es in der Rhetorik eigene Regeln gibt). Weil literarische Texte in hohem Maße gestaltet sind und die Rhetorik diejenige Kunst ist, die die Mittel zur effektvollen Sprachgestaltung lehrt, sind viele dieser Begriffe auch für die Literaturwissenschaft von Interesse, mehr noch: Bis weit ins 18. Jahrhundert waren die Regeln der Rhetorik für die Literatur sogar verbindlich. – Es gibt im *Historischen Wörterbuch der Rhetorik* außerdem eine große Zahl von Einträgen, die über die rhetorischen Dimensionen von zentralen literaturwissenschaftlichen Begriffen informieren, etwa ‚Biographie', ‚Erzählung', ‚Komödie', ‚Metapher' oder ‚Satire'. Alle Einträge bieten nach einer Definition eine ausführliche Geschichte des Begriffs und des Phänomens, das er bezeichnet. Es gibt Nachweise in Fußnoten und Hinweise auf weiterführende Literatur. Oft umfassen die Einträge mehrere Spalten (der Eintrag ‚Epanalepse' z.B. 4 Spalten, der Eintrag ‚Biographie' 14 Spalten). Ein Blick ins *Historische Wörterbuch der Rhetorik* lohnt sich also immer.

▶ **Ästhetische Grundbegriffe. Historisches Wörterbuch in sieben Bänden. Hg. von Karlheinz Barck u.a. Stuttgart, Weimar 2000–2005.**

Wenn Sie sich über grundlegende Begriffe der Ästhetik wie ‚Genie', ‚Medium', ‚Nachahmung' oder ‚Postmoderne' informieren wollen, gibt es natürlich eine ganze Reihe von möglichen Quellen. Vor allen

anderen ist aber ein Wörterbuch in sieben Bänden zu nennen, das
170 umfangreiche Einträge (meistens über 30 Seiten) zu Schlüsselbegriffen aus allen Künsten enthält, die sich als eigene kompakte
Darstellungen der Begriffs- und Problemgeschichte lesen lassen. –
Neben diesem vielbändigen Nachschlagewerk können Sie auch ein
einbändiges Lexikon benutzen, das in 420 kürzeren Einträgen knapp
über die Grundbegriffe der Ästhetik informiert (Metzler Lexikon
Ästhetik: Kunst, Medien, Design und Alltag. Hg. v. Achim Trebeß.
Stuttgart 2006). Weil die Ästhetik auch eine philosophische Dis-
ziplin ist, lohnt sich bei vielen Begriffen auch ein Blick in das *Historische Wörterbuch der Philosophie* (→ Abschnitt 7).

Natürlich gibt es noch viele andere Hilfsmittel. Wie bereits gesagt:
In Ihrer gut sortierten Bibliothek finden Sie auf dem Regalbrett
neben den hier genannten Lexika weitere brauchbare Nachschlagewerke. – Wenigstens ein kurzer Hinweis auf einige literaturwissenschaftliche Kompendien:

▶ Lexikon Literaturwissenschaft. Hundert Grundbegriffe. Hg. v.
  Gerhard Lauer u. Christine Ruhrberg. Stuttgart 2011.
▶ Literaturwissenschaftliches Lexikon: Grundbegriffe der Germa-
  nistik. Hg. v. Horst Brunner u. Rainer Moritz. Berlin ²2006.
▶ Literaturlexikon. Begriffe, Realien, Methoden.
  Hg. v. Volker Meid. Gütersloh, München 1992/93.
▶ Uwe Spoerl: Basislexikon Literaturwissenschaft.
  Paderborn ²2006.

Literaturwissenschaftliche Interpretationen müssen ihre theoretischen
und methodischen Prämissen offenlegen, um ihre Lesarten von
Texten verständlich und plausibel zu machen. Im Lauf der Zeit sind
dabei komplexe Theorien entworfen worden, und auch das In-
strumentarium der Methoden und die Begriffe wurde vielfach präzisiert. Darum gibt es inzwischen eine große Zahl von konkurrie-
renden theoretischen und methodischen Angeboten, wie Literatur
zu lesen sein soll, und die Entscheidung für einen bestimmten Ansatz stellt mitunter schon die Weichen für eine Interpretation. Das
bedeutet für Sie: Wenn Sie eine eigene Interpretation eines Textes
vorschlagen, müssen Sie sich überlegen, welche Perspektive Sie
einnehmen und wie Sie ihre Position im Feld der Theorien und

Methoden bestimmen. Und umgekehrt gilt auch für Sie als Leserin oder Leser: Wenn Sie einen Forschungsbeitrag lesen, werden Sie ihn leichter verstehen, wenn Sie seine theoretischen und methodischen Prämissen verstehen. Oft erkennt man diese Prämissen vor allem an den Namen der Theoretikerinnen und Theoretiker, die in den Fußnoten zitiert werden, oder an Schlüsselbegriffen. Sie funktionieren wie Erkennungszeichen, und Sie werden im Lauf Ihres Studiums verstehen lernen, sie zu lesen (etwa ‚Dezentrierung' oder ‚Spiegelstadium'; vgl. den folgenden Eintrag in der Liste). Für solche Fälle sind die folgenden Nachschlagewerke und Überblicksdarstellungen gemacht. Sie liefern Ihnen schnell das nötige Überblickswissen, knappe Darstellungen von Schulen und Definitionen von Begriffen.

Eine kurze Anmerkung noch zur englischsprachigen Literatur: Immer wieder wurden und werden manche Literaturtheorien zunächst vor allem im englischsprachigen Ausland diskutiert. Häufig finden sie anschließend ihren Weg aber auch in die deutschsprachige Diskussion. Der zeitliche Vorsprung und die andere Fachkultur führen dazu, dass theoretische Diskussionen mitunter früher in englischsprachigen Nachschlagewerken oder Einführungen zur Literaturtheorie gebündelt erscheinen. Schließen Sie die englischsprachige Literatur also nicht aus Ihrer Recherche aus.

▶ **Metzler Lexikon Literatur- und Kulturtheorie.**
 Ansätze – Personen – Grundbegriffe.
 Hg. v. Ansgar Nünning. Stuttgart, Weimar ⁵2013.

Eines der besten und handlichsten Nachschlagewerke, um sich über literatur- und kulturwissenschaftliche Theorien, Methoden und Modelle zu informieren, ist das *Lexikon Literatur- und Kulturtheorie*. Sie finden hier über 700 Einträge zu großen Forschungsrichtungen wie den ‚Gender Studies' oder ‚Sozialgeschichtlichen Ansätzen', zu den Theorien des ‚Poststrukturalismus' oder der ‚Dekonstruktion' sowie zu Forschungsfeldern wie der ‚Narratologie'. Sie können Schlüsselbegriffe nachschlagen, etwa den Begriff der ‚Dezentrierung' aus der Dekonstruktion oder den Begriff des ‚Spiegelstadiums', der im Zentrum von Jacques Lacans psychoanalytischer Theorie des Subjekts steht. Und Sie können sich in knappen biographischen Einträgen über das Werk von Theoretikerinnen und Theoretikern wie HANS-GEORG GADAMER, MICHEL FOUCAULT oder JUDITH BUTLER informieren. Brauchbar, aber weniger aktuell, ist in vielen Fällen auch der Überblick über die Grundbegriffe moderner Literaturtheorie von JEREMY HAWTHORN (A Glossary of Contemporary Literary Theory. London ⁴2001).

▶ **Lexikon literaturtheoretischer Werke. Hg. v. Rolf Günter Renner u. Engelbert Habekost. Stuttgart 1995.**

Wenn Sie sich über den Inhalt eines literaturtheoretischen oder poetologischen Textes eine erste Orientierung verschaffen wollen, ohne das ganze Werk auf der Stelle lesen zu können, bietet sich das *Lexikon literaturtheoretischer Werke* als Informationsquelle an. Der Begriff des ‚literaturtheoretischen Werks' steht dabei sowohl für den älteren Begriff der ‚Poetologie' (der Lehre von der Dichtkunst) als auch für den neueren Begriff der literaturwissenschaftlichen ‚Theorie' (also der wissenschaftlichen Reflexion darüber, unter welcher Perspektive man Texte lesen soll). Das Lexikon enthält knappe Zusammenfassungen von mehr als 400 Hauptwerken der ‚Literaturtheorie' von der Antike bis zur Gegenwart. Das *Buch von der deutschen Poeterey* (1624) von MARTIN OPITZ wird hier in eineinhalb Spalten vorgestellt, die knappe Inhaltsangabe von MICHEL FOUCAULTs Buch *Die Ordnung der Dinge* (1966) nimmt knapp zwei Spalten ein. Wenn Sie abschätzen wollen, welchen Erkenntniswert ein poetologischer oder theoretischer Entwurf für Ihre Arbeit haben könnte, ist das immerhin schon ein Anfang. – Bei der Suche nach solchen Zusammenfassungen lohnt sich in vielen Fällen übrigens auch ein Blick in *Kindlers Literatur Lexikon* (→ Abschnitt 4).

▶ Metzler Lexikon Gender Studies – Geschlechterforschung. Ansätze, Personen, Grundbegriffe. Hg. v. Renate Kroll. Stuttgart, Weimar 2002.
▶ Aesthetics and the Philosophy of Art. The Analytic Tradition. Hg. v. Peter Lamarque u. Stein Haugom Olsen. Oxford 2004.
▶ Bill Ashcroft: Postcolonial Studies: The Key Concepts. London u. a. ²2008.

Wenn Sie Glück haben, gibt es ein Nachschlagewerk, das über das Methodeninstrumentarium und das Begriffsrepertoire einer speziellen Forschungsrichtung informiert. Exemplarisch sind hier drei Nachschlagewerke zu Gender Studies, zur analytischen Theorie und zu den Postcolonial Studies genannt. Durch die Konzentration auf ein bestimmtes Forschungsgebiet ist es in diesen Nachschlagewerken möglich, nicht nur die theoretischen Verhandlungen über zentrale Begriffe und ihre Verwendung darzustellen (wie etwa die postkolonialen Verhandlungen über die koloniale Denkfigur des ‚going native' – die Angst des Kolonisators, von den Lebensformen und Bräuchen der ‚Einheimischen' kontaminiert zu werden), sondern hier werden auch die spezifischen Bedeutungen von Begriffen aus allgemeinen Kontexten vorgestellt (wie etwa die gendertheoretischen Dimensionen des Konzepts ‚Eurozentrismus'). Manchmal gibt es sogar Lexika zu einzelnen Theoretikerinnen und Theoretikern, etwa zu MICHEL FOUCAULT (Michael Ruoff: Foucault-Lexikon. Entwicklung – Kernbegriffe – Zusammenhänge. Paderborn ²2009).

Die genannten Lexika sind allesamt hilfreich: Mit ihrer Hilfe können Sie sich schnell über Denkerinnen und Denker, über Theorien und Methoden sowie über die benutzten zentralen Begriffe informieren. Dabei sind die Einträge manchmal knapp formuliert, und man wünscht sich ausführlichere Informationen zum besseren Verständnis, eine weniger isolierte Darstellung, die weiter in die Tiefe gehen kann. Und natürlich gibt es auch solche Darstellungen: Einführungen in die Literaturtheorie insgesamt, in einen speziellen Forschungsansatz oder in das Werk einer Theoretikerin bzw. eines Theoretikers. Solche Einführungen vermitteln auf breiterem Raum das Wissen, das man zum Verständnis literaturtheoretischer Ansätze braucht, und oft gibt es auch Einführungen in spezielle Forschungsfelder, etwa in die Forschungsdiskussion über den Zusammenhang von Ökologie und Literatur (‚Ecocriticism. Eine Einführung' von Gabriele Dürbeck und Urte Stobbe). – Auf jeden Fall gibt es zum gesamten Feld der Literaturtheorie viele brauchbare Überblicksdarstellungen, und es werden immer mehr. Das Spektrum der Methoden und Theorien, das sie vorstellen, ist dabei in der Regel ähnlich: Meistens geht es um Hermeneutik und Dekonstruktion, Diskursanalyse und Gender Studies, Cultural Studies, Cognitive Poetics, medienwissenschaftliche Ansätze und anderes mehr. Welche Einführung für Sie am brauchbarsten ist, entscheidet sich beim Lesen. Es kommt vor allem darauf an, dass Sie sich mit dem Stil der Darstellung anfreunden können. Darum hier nur der Hinweis auf einige aktuelle Einführungen (wie immer finden Sie weitere Titel in Ihrer gut sortierten Bibliothek auf dem gleichen Regalbrett):

▶ Sabina Becker: Literatur- und Kulturwissenschaften.
   Ihre Methoden und Theorien. Reinbek bei Hamburg 2007.
▶ Achim Geisenhanslüke: Einführung in die Literaturtheorie.
   Von der Hermeneutik zur Medienwissenschaft. Darmstadt ⁶2013.

▶ Oliver Jahraus: Literaturtheorie. Tübingen, Basel 2004.
▶ Tilmann Köppe u. Simone Winko: Neuere Literaturtheorien.
Eine Einführung. Stuttgart, Weimar ²2013.
▶ Franziska Schössler: Literaturwissenschaft als Kulturwissen-
schaft: Eine Einführung. Tübingen, Basel 2006.

Oft werden Sie nach Informationen zu Leben und Werk einer
Autorin bzw. eines Autors suchen. Natürlich gilt auch hier: Verlassen Sie sich nicht auf *Wikipedia* oder auf ein beliebiges Konversationslexikon. Die Einträge dort sind in der Regel zwar solide,
aber sie genügen nicht unbedingt wissenschaftlichen Ansprüchen.
Sie sind darum auch nicht ‚zitierfähig'. Verwenden Sie stattdessen
spezielle biographische Nachschlagewerke: Sie geben verlässlich
und präzise Auskunft über Leben und Werk, und sie weisen nach,
auf welcher Grundlage die Einträge verfasst sind. Im besten Fall
gibt es zu einer Autorin oder einem Autor sogar ein eigenes Handbuch. Die Informationen, die Sie dort finden werden, sind in der
Regel noch einmal differenzierter und stärker untereinander ver-
knüpft als dies in einem Autorenlexikon der Fall ist.

▶ **Killy Literaturlexikon. Autoren und Werke des deutschsprachigen
Kulturraumes. 13 Bde. 2., vollständig überarbeitete Auflage.
Hg. v. Wilhelm Kühlmann u.a. Berlin, New York 2008–2012.**

Das *Literaturlexikon*, das WALTER KILLY in der ersten Auflage herausgegeben hat, ist der erste Anlaufpunkt, wenn Sie sich über das
Leben eines deutschsprachigen Autors oder einer Autorin informieren wollen. Insgesamt sind mehrere tausend Werkbiographien aufgenommen, auch von anderen Teilnehmern am kulturellen Leben
wie Verlegern, Publizisten und Publizistinnen etc. Die letzten Bände
enthalten ein Sachlexikon und ein Register. Die vollständig überarbeitete Auflage erscheint derzeit.
Wenn Sie in KILLYs Lexikon nicht fündig werden (das wird selten
der Fall sein), dann interessieren Sie sich vermutlich für einen weniger prominenten Autor oder eine weniger prominente Autorin. In
solchen Fällen können Sie einen Blick in das umfangreiche Handbuch werfen, das WILHELM KOSCH begründet hat: Deutsches Dichter Lexikon. Biographisch-bibliographisches Handbuch. Begründet
v. Wilhelm Kosch. Hg. v. Bruno Berger, Heinz Rupp. Bern, Mün-

chen [3]1968ff. Außerdem hilfreich: Die Deutsche Literatur [DDL]. Biographisches und bibliographisches Lexikon in sechs Reihen. Hg. v. Hans-Gert Roloff. Bern u.a. 1985–1997, Stuttgart 1998ff. (geplant sind hier etwa 70 Bände). Eine umfassende allgemeine biographische Datenbank ist zum Beispiel das *World Biographical Information System Online* mit über 2,4 Millionen Einträgen (Sie finden es über die Homepage Ihrer Universitätsbibliothek).

▶ Gero von Wilpert: Deutsches Dichterlexikon. Biographisch-bibliographisches Handwörterbuch zur deutschen Literaturgeschichte. Stuttgart [3]1989.
▶ Metzler Lexikon Autoren. Deutschsprachige Dichter und Schriftsteller vom Mittelalter bis zur Gegenwart. Hg. v. Bernd Lutz u. Benedikt Jeßing. Stuttgart, Weimar [4]2010.
▶ Metzler Autorinnen Lexikon. Hg. v. Ute Hechtfischer, Renate Hof u. Inge Stephan. Stuttgart, Weimar 1998.

Wie schon oben im Fall der literaturwissenschaftlichen Nachschlagewerke gibt es neben den vielbändigen Standardwerken natürlich auch kürzere (und finanziell günstigere) Kompendien, die eine kleinere Auswahl von Autorinnen und Autoren in einem oder zwei Bänden vorstellen. Die beiden genannten Lexika aus dem Metzler-Verlag sind gute Beispiele ebenso wie WILPERTS *Dichterlexikon*. Es gibt außerdem noch ein achtbändiges Werk im Reclam-Verlag: Deutsche Dichter. Leben und Werk deutschsprachiger Autoren. Hg. v. Gunter E. Grimm u. Frank Rainer Max. Stuttgart 1988–1990.

▶ Die deutsche Literatur des Mittelalters. Verfasserlexikon. Hg. v. Kurt Ruh u.a. 2. Auflage. 14 Bde. Berlin, New York 1978–2008. [[2]VL]
▶ Kritisches Lexikon der deutschsprachigen Gegenwartsliteratur. Hg. v. Heinz Ludwig Arnold. München 1978ff. [KLG]
▶ Frühe Neuzeit in Deutschland 1520–1620. Literaturwissenschaftliches Verfasserlexikon (VL 16). 7 Bde. Hg. v. Wilhelm Kühlmann u.a. Berlin 2011–2019.
▶ Frühe Neuzeit in Deutschland 1620–1720. Literaturwissenschaftliches Verfasserlexikon (VL 17)

Es gibt eine Reihe von biographischen Lexika, die sich der Literatur in einem bestimmten geographischen Raum oder zeitlichen Abschnitt widmen oder die sich auf eine bestimmte Gruppe konzentrieren. Ein gutes Beispiel ist das *Verfasserlexikon*, das Autoren und Autorinnen (und außerdem auch anonym überlieferte Werke) des Mittelalters und der Frühen Neuzeit auf Grundlage der jeweils aktuellen Forschung zuverlässig und gründlich vorstellt. Am anderen Ende des zeitlichen Spektrums steht das *Kritische Lexikon der Gegenwartsliteratur (KLG),* das für die neueste deutsche Literatur ebenso konkurrenzlos ist wie das Verfasserlexikon für die ältere und älteste. Hier finden Sie Leben und Werk der Autorinnen und Autoren vorgestellt, außerdem eine Zusammenstellung der veröffentlichten Werke, von Beiträgen der feuilletonistischen Literaturkritik und von wissenschaftlichen Studien.

Für einzelne Gruppen gibt es spezielle Nachschlagewerke, wie z.B. das Metzler Lexikon der deutsch-jüdischen Literatur. Jüdische Autorinnen und Autoren deutscher Sprache von der Aufklärung bis zur Gegenwart. Hg. v. Andreas Kilcher. Stuttgart, Weimar ²2012. Ähnliche Lexika gibt es für viele Felder, etwa für die Gelehrten der Frühen Neuzeit (Handbuch Gelehrtenkultur der Frühen Neuzeit. Bd. 1: Biobibliographisches Repertorium. Hg. v. Herbert Jaumann. Berlin 2004).

Es gibt neben den umfassenden biographischen Fachlexika im glücklichsten Fall speziell für Ihre Autorin oder Ihren Autor ein eigenes Handbuch zu Leben und Werk, das Ihnen vermutlich die besten Informationen liefern wird. Beispielhaft ist das *Goethe-Handbuch* aus dem Metzler-Verlag, das in fünf Bänden auf weit über 3000 Seiten umfassend über GOETHES Leben und Werk informiert. Es gibt je einen Band zu GOETHES Lyrik, Prosa und Dramatik, in denen fundierte Artikel zu den wichtigsten Schriften den Stand der Forschung zusammenfassen (der Lyrik-Band gibt nicht nur einen Überblick über ‚Schaffensphasen', sondern auch ausführliche Informationen zu rund 100 Gedichten). Zwei Bände enthalten ein Personen-, Sach- und Begriffslexikon mit Einträgen etwa zu GOETHES Naturverständnis oder Geniebegriff. Eine gründlichere und zugleich so handliche Informationsquelle ist kaum denkbar. – Und solche oder ähnliche Handbücher gibt es für viele kanonische Autoren und (eine kleinere Zahl von) Autorinnen: BACHMANN, BENJAMIN, BRECHT, CELAN, GOETHE, HEINE, HÖLDERLIN, HEINER MÜLLER, SCHILLER, FONTANE, KAFKA, KLEIST, LESSING, THOMAS MANN, MÖRIKE, RILKE, um nur einige zu nennen. Die Liste zeigt schon, dass sich eine Recherche nach solchen Handbüchern häufig lohnt.

Es gibt immer wieder Situationen, in denen man sich einen schnellen Überblick über den Inhalt eines Werks verschaffen muss oder die Erinnerung daran auffrischen will. In solchen Situationen gibt es eigentlich nur eine gute (aber nicht ‚zitierfähige') Quelle:

▶ **Kindlers Literatur Lexikon. 3. neu bearb. Aufl. 18 Bde. Hg. v. Heinz Ludwig Arnold. Stuttgart, Weimar 2009.**

In *Kindlers neuem Literaturlexikon* finden Sie knappe Zusammenfassungen von etwa 19000 Werken der Weltliteratur von der Antike bis in die Gegenwart. Es gibt knappe Angaben zu Entstehungskontexten, eventuell zum Gang der Handlung und zu Deutungsansätzen und zur Rezeption. Auch das lyrische Werk einiger Autorinnen und Autoren wird überblicksartig vorgestellt. Die Einträge sind dabei nicht mehr als eine Orientierungshilfe, es sind keine substanziellen Forschungsleistungen, und darum sind sie auch nicht ‚zitierfähig'. Zur Verdeutlichung: Der Eintrag zu GOETHES Roman *Wilhelm Meisters Lehrjahre* umfasst hier etwa dreieinhalb Seiten, der Eintrag im *Goethe-Handbuch* breitet das vorhandene Wissen auf 40 Seiten aus. – Es gibt zum *Kindler* keine wirkliche Alternative. Hinzuweisen ist exemplarisch noch auf Gero v. Wilpert: Lexikon der Weltliteratur, Bd. 2: Hauptwerke der Weltliteratur in Charakteristiken und Kurzinterpretationen. Stuttgart ³1993; außerdem Frank Rainer Max u. Christine Ruhrberg (Hrsg.): Reclams Romanlexikon. Deutschsprachige erzählende Literatur vom Mittelalter bis zur Gegenwart. Stuttgart 2000. Ralf Georg Bogner (Hrsg.): Deutsche Literatur auf einen Blick. 400 Werke aus 1200 Jahren. Darmstadt 2009.

Auch auf dem Feld der Literaturgeschichtsschreibung gibt es Publikationen, die wissenschaftlichen Ansprüchen genügen und andere, die sich eher für einen schnellen Überblick eignen. Im Regelfall sollten Sie eine der folgenden Literaturgeschichten verwenden:

▶ Helmut de Boor u. Richard Newald: Geschichte der deutschen
Literatur von den Anfängen bis zur Gegenwart,
7 Bde. in 11 Tl.-Bden. München 1949–2009.

Die umfangreichen Bände der *Geschichte der deutschen Literatur*,
die im Jahr 1949 von HELMUT DE BOOR und RICHARD NEWALD begonnen wurde, informieren auf der Grundlage der jeweils aktuellen
Forschung immer ausführlich über ihren Gegenstand. Als Beispiel:
Die zweite Auflage des Bandes zur Gegenwartsliteratur seit 1945
deckt den Zeitraum bis zum Jahr 2000 ab und umfasst etwa 1300
Seiten mit einer umfangreichen Bibliographie der Forschungsliteratur. Traditionell sind die Bände einem geistesgeschichtlichen Ansatz
verpflichtet: Sie versuchen literarische Entwicklungen mit großen
philosophischen, ideen- und religionsgeschichtlichen Bewegungen
in Verbindung zu bringen.

▶ Hansers Sozialgeschichte der deutschen Literatur vom 16. Jahrhundert bis zur Gegenwart. 12 Bde. Begr. v. Rolf Grimminger.
München 1980–2009.

Ein zweites Standardwerk: Neben der vielbändigen Literaturgeschichte von DE BOOR und NEWALD gibt es eine vielbändige *Sozialgeschichte der deutschen Literatur* mit einem Fokus auf die
Literatur von 1500 bis zur Gegenwart. Sie nimmt eine andere Perspektive auf den Gegenstand ein, indem sie weniger die Geschichte
der Literatur im geistigen Austausch mit Philosophie und Theologie nachzeichnet, sondern stattdessen versucht, Literatur in ihren
historischen, politischen Kontexten zu situieren und das Verhältnis zwischen beiden zu formulieren. Die Darstellung ist darum
nach anderen Gesichtspunkten in einzelne Studien gegliedert, die
etwa nach der sozialen Herkunft von Autorinnen und Autoren
(Adelige, Bürgerliche) fragen, nach dem sozialen Ort (Literatur am
Hof, in der Stadt), nach Institutionen der Literatur (Sprachgesell-
schaften, Schriftstellergruppen), nach den Distributionswegen
(Buch- und Zeitschriftenmarkt), oder nach politischen und ökono-
mischen Rahmenbedingungen und entsprechenden Konzeptionen
von Literatur (Zensur und politisch engagierte Literatur, massen-
haft produzierte Unterhaltungsliteratur). – Neben *Hansers Sozialgeschichte* gibt es noch ein zweites, nicht abgeschlossenes Projekt
mit ähnlichem Ansatz: Deutsche Literatur. Eine Sozialgeschichte.
9 Bde. Hg. v. Horst Albert Glaser. Reinbek bei Hamburg 1980ff.
Einen Versuch, die Literaturgeschichte von der Seite des Lesers zu

rekonstruieren, unternimmt Jost Schneider: Sozialgeschichte des Lesens. Berlin, New York 2004.

▶ **Wolfgang Beutin u.a.: Deutsche Literaturgeschichte. Von den Anfängen bis zur Gegenwart. Stuttgart** [8]**2012.**
▶ **Gerhard Lauer: Grundkurs Literaturgeschichte. Stuttgart 2008.**
▶ **Benedikt Jeßing: Neuere deutsche Literaturgeschichte. Eine Einführung. Tübingen** [2]**2014.**

Neben den vielbändigen Standardwerken gibt es natürlich eine große Zahl von Literaturgeschichten, die auf knapperem Raum einen Überblick über die wichtigsten Entwicklungen geben. Sie können Sie zur ersten Information benutzen, sollten aber ein Standardwerk zu Rate ziehen, wenn Sie ein Zitat brauchen. Drei neuere Versuche, die deutsche Literaturgeschichte in einem Band zu präsentieren, sind hier stellvertretend genannt.

▶ **Literaturgeschichte Österreichs. Von den Anfängen im Mittelalter bis zur Gegenwart. Hg. v. Herbert Zeman. Freiburg** [2]**2014.**
▶ **Peter Rusterholz u. Andreas Solbach: Schweizer Literaturgeschichte. Stuttgart, Weimar 2007.**
▶ **Wolfgang Emmerich: Kleine Literaturgeschichte der DDR. Erweiterte Neuausgabe. Berlin 2007.**

‚Deutsche Literatur' erscheint oft synonym mit ‚deutschsprachiger Literatur'. Dabei gerät leicht aus dem Blick, dass in Österreich und der Schweiz andere ästhetische und gesellschaftliche Traditionen wirksam sind als im deutschen Zusammenhang. Wenn Sie sich für das Werk einer Autorin oder eines Autors interessieren, das sich auch als Teil der österreichischen oder schweizerischen Literatur verstehen lässt, lohnt sich also sicher ein Blick in eine eigene Literaturgeschichte. – Neben den genannten knappen Überblicken gibt es für die österreichische Literaturgeschichte noch ein mehrbändiges Werk, das noch nicht abgeschlossen ist: Geschichte der Literatur in Österreich von den Anfängen bis zur Gegenwart. 7 Bde. Hg. v. Herbert Zeman. Graz 1994ff. Für das 20. Jahrhundert empfiehlt sich außerdem ein Blick in zwei weitere Bücher: Klaus Zeyringer: Österreichische Literatur seit 1945. Überblicke, Einschnitte, Wegmarken. Innsbruck 2008; Schweizer Literaturgeschichte. Die deutschsprachige Literatur im 20. Jahrhundert. Hg. v. Klaus Pezold. Leipzig 2007. Aufmerksamer ist man in Deutschland auf die Geschichte der Teilung in zwei deutsche Staaten, Sie finden Informationen zur

Literatur der DDR in jeder guten Geschichte der deutschen Literatur nach 1945. Trotzdem lohnt sich immer auch ein Blick in die *Kleine Literaturgeschichte der DDR* von WOLFGANG EMMERICH. Verwenden Sie unbedingt die erweiterte Neuauflage aus dem Jahr 2000, weil nach dem Ende der DDR im Laufe der Zeit immer mehr wichtige Materialien zugänglich werden, die in älteren Auflagen noch nicht berücksichtigt werden konnten.

Literarische Texte arbeiten oft nicht nur mit Sprache, sondern auch mit einem anderen Material: mit Stoffen, Motiven, Figuren sowie Bildern und Symbolen, die bereits in anderen Texten Verwendung gefunden haben. Mit Blick auf sie lassen sich Texte darum untereinander in Beziehung setzen, häufig kann man sogar davon sprechen, dass sie einander bewusst zitieren oder kommentieren. Die Anschlüsse an Stoff- und Motivtraditionen und der Umgang mit Figuren und Symbolen kann darum auch in Handbüchern vorgeführt werden. In chronologischen Darstellungen, wann dieses Material von wem in welcher Art und Weise verwendet worden ist, zeigen sich dabei mitunter aufschlussreiche Konstellationen und Konjunkturen. Wenn Sie sich also über solche Fragen informieren wollen, geben Ihnen die folgenden Handbücher Auskunft:

▶ Elisabeth Frenzel: Stoffe der Weltliteratur. Ein Lexikon dichtungsgeschichtlicher Längsschnitte. Stuttgart ^{10}2005.
▶ Elisabeth Frenzel: Motive der Weltliteratur. Ein Lexikon dichtungsgeschichtlicher Längsschnitte. Stuttgart ^{6}2008.
▶ Horst S. und Ingrid G. Daemmrich: Themen und Motive in der Literatur. Ein Handbuch. Tübingen ^{2}1995.

Wenn es um Stoffe und Motive in der Literatur geht, sind als beste Auskunftsquellen immer noch die Handbücher von Elisabeth Frenzel zu nennen. Das Handbuch *Stoffe der Weltliteratur* präsentiert die Geschichten und Sagenkreise, die immer wieder in der abendländischen Literaturgeschichte Verwendung gefunden haben. Es beginnt kurz vor ‚Adam und Eva' (bei ‚Abälard und Heloise') und verfolgt die Geschichte jedes Stoffs in einem knappen Überblick von seinem ersten Auftreten bis in das 20. Jahrhundert, im Fall von ‚Adam und Eva' vom biblischen Buch Genesis bis hin zu THORNTON WILDER. Andere Einträge behandeln etwa Geschichten um die

mythische Figur ‚Helena' oder um die historische Person ‚Napo-
leon'. Das Pendant zu diesem Handbuch ist das Lexikon der
Motive der Weltliteratur. Es informiert z.b. über die Geschichte des
‚Doppelgänger'-Motivs von PLAUTUS bis RUDYARD KIPLING, oder
über das Motiv des ‚edlen Wilden' von DIODOROS VON SIZILIEN bis
zu GOTTFRIED KELLER. Beide Handbücher bieten leider keine Liste
der aufgenommenen Einträge am Beginn, so dass man blättern oder
auf das Register der Werke am Ende des Bandes zurückgreifen
muss. – Es gibt daneben noch das genannte Handbuch *Themen und
Motive in der Literatur* von HORST UND INGRID DAEMMRICH, das Sie
zu Rate ziehen können. – In allen diesen Fällen ist natürlich weder
die Liste der aufgenommenen Einträge vollständig, noch können
sie die Geschichte eines Stoffs oder Motivs umfassend dokumentieren.

▶ **Annemarie und Wolfgang van Rinsum: Lexikon literarischer
Gestalten. Bd. 1: Deutschsprachige Literatur,
Bd. 2: Fremdsprachige Literatur. Stuttgart ²1993.**
▶ **Martin Bocian: Lexikon der biblischen Personen. Mit ihrem
Fortleben in jüdischer, christlicher und islamischer Tradition
sowie in Dichtungen, Musik und Kunst. Stuttgart ²2004.**
▶ **Eric M. Moormann u. Wilfried Uitterhoeve: Lexikon der
antiken Gestalten. Mit ihrem Fortleben in Kunst, Dichtung
und Musik. Stuttgart 2010.**
▶ **Horst Brunner u. Matthias Herweg: Gestalten des Mittelalters
Ein Lexikon historischer und literarischer Gestalten.
Stuttgart 2007.**

Neben den Handbüchern, die auf die großen Stoff- und Motiv-
kreise der abendländischen Literatur konzentriert sind, gibt es auch
Lexika, die breiter auswählen und über das Auftreten einzelner
literarischer Figuren informieren. Manche nehmen die Literatur
insgesamt in den Blick (VAN RINSUM), andere fokussieren auf die
beiden großen Arsenale, aus denen literarische Texte ihre Figuren
immer wieder rekrutiert haben: die Bibel (BOCIAN) und die klassische Dichtung und Mythologie (MOORMAN u. UITTERHOEVE). –
Wie immer stehen im Bibliotheksregal neben den genannten Bänden viele weitere Handbücher, die über diese Traditionen
informieren. Hinzuweisen ist für die antike Mythologie unbedingt
noch auf den umfassenden Oxford Guide to Classical Mythology
in the Arts, 1300–1990s. 2 Bde. Hg. v. Jane Davidson Reid. New
York, Oxford 1993.

▶ Emblemata. Handbuch zur Sinnbildkunst des XVI. und
XVII. Jahrhunderts. Hg. v. Arthur Henkel u. Albrecht Schöne.
Stuttgart 1996.
▶ Lexikon der christlichen Ikonographie. 8 Bde.
Hg. v. Wolfgang Braunfels. Freiburg i. Brsg. 1968–1976. [LCI]
▶ Lexikon literarischer Symbole. Hg. v. Günter Butzer u.
Joachim Jacob. Stuttgart, Weimar ²2012.

Es gibt spezielle Kontexte, in denen Bilder mit einer bestimmten
Bedeutung verwendet werden, und es gibt natürlich entsprechende
Nachschlagewerke, wenn es darum geht, solche Bedeutungen zu
entschlüsseln. Ein Beispiel ist das *Lexikon der christlichen Ikonographie*, in dem Sie unter anderem die christliche Bedeutung des
Bildes der ‚Lilie‘ nachschlagen können. In ikonographischen Fragen
lohnt sich übrigens immer auch ein Blick in das *Reallexikon zur
deutschen Kunstgeschichte* (→ Abschnitt 7, Kunstgeschichte). Ähnlich konventionalisiert ist das Bildrepertoire der frühneuzeitlichen
‚Embleme‘, in denen unter einer Überschrift oder einer Sentenz ein
Bild gezeigt wird, dessen Bedeutung in einer poetischen Unter-
schrift erklärt wird. Die Bedeutung einer ganzen Reihe von Bildern
in der Frühen Neuzeit lässt sich nur mit der Kenntnis dieser ‚Sinnbildkunst‘ verstehen. – Weniger durch ihre klare Entschlüsselbar-
keit sind literarische Symbole gekennzeichnet, aber auch für sie gibt
es ein Nachschlagewerk, das *Lexikon literarischer Symbole*, in dem
Sie sich über die symbolische Verwendung von ‚Mohn‘, ‚Rose‘ oder
‚Traum‘ vor allem in der deutschen Literatur informieren können.
Alternativ können Sie in einem allgemeinen *Wörterbuch der Sym-
bolik* nachschlagen (Hg. v. Manfred Lurker. Stuttgart ⁵1991).

▶ Enzyklopädie des Märchens. Handwörterbuch zur historischen
und vergleichenden Erzählforschung. 15 Bde. Hg. v. Kurt Ranke
u. a. Berlin, New York 1977–2015. [EM]

In der *Enzyklopädie des Märchens* finden sie – anders als der Name
erwarten lässt – nicht nur Einträge zur Gattung des Märchens: Sie
behandelt die volkstümliche Erzähltradition insgesamt. Natürlich
enthält die Enzyklopädie auch Einträge wie ‚Hänsel und Gretel‘
oder ‚Ali Baba und die vierzig Räuber‘, aber die Gattungsper-
spektive ist weiter gefasst, es gibt auch Einträge zu Novellenstoffen,
historischen Sagen, Legenden oder Fabeln. Darüber hinaus widmen
sich die Einträge auch den Theorien und Methoden der Erzählforschung, Gattungsfragen, Erzähltypen und einzelnen Motiven

(etwa ‚Gebet‘, ‚Entführung‘ oder ‚Erlösung‘ bis hin zu ‚Gähnen steckt an‘) sowie wichtigen Autorinnen und Autoren.

Wenn Sie sich im Kontext Ihrer Arbeit für einen Begriff oder ein Phänomen aus der Kunst- oder Musikgeschichte interessieren, sollten Sie unbedingt entsprechende fachwissenschaftliche Nachschlagewerke zu Rate zu ziehen. Es gibt daneben aber natürlich auch den Fall, dass man in der Fachsprache der Germanistik selbst Begriffe benutzt, die auch in anderen Disziplinen Verwendung finden. Denken Sie an Begriffe wie ‚Rhythmus‘, ‚Leitmotiv‘, ‚Paradies‘, ‚Utopie‘ oder ‚Zeitgeist‘. Auch in solchen Fällen kann sich ein Blick in ein entsprechendes Lexikon der Musikgeschichte, Theologie, Geschichtswissenschaft oder Philosophie lohnen. Häufig entdeckt man dabei Bedeutungsdimensionen der Begriffe, die zur Präzisierung der eigenen Fragestellung oder Beschreibung hilfreich sind. – Weil die disziplinären Grenzen immer wieder neu gezogen werden, ist es natürlich nicht leicht zu sagen, wo die Nachbarwissenschaften der Germanistik liegen. Sie können aber davon ausgehen, dass es in nahezu jeder Wissenschaft Lexika gibt, in denen die zentralen Begriffe und Personen vorgestellt werden. Im Folgenden finden Sie Nachschlagewerke aus einigen traditionellen Nachbarwissenschaften: 1. Geschichte, 2. Philosophie, 3. Theater- und Medienwissenschaft, 4. Theologie, 5. Kunstgeschichte, 6. Musikwissenschaft.

1 Geschichte

▶ Der Neue Pauly. Enzyklopädie der Antike. 15 Bde. in 18 Bden. u. 1 Registerband. Hg. v. Hubert Cancik u.a. Stuttgart, Weimar 1996–2003.
▶ Lexikon des Mittelalters. 9 Bde. Hg. v. Robert-Henri Bautier u.a. Zürich u.a. 1980–1998.
▶ Enzyklopädie der Neuzeit. 16 Bde. Hg. v. Friedrich Jaeger. Stuttgart, Weimar 2005–2012.

Es gibt zu den drei großen Makroepochen drei hervorragende Nachschlagewerke: den *Neuen Pauly* zur Antike, das *Lexikon des Mittelalters* und die *Enzyklopädie der Neuzeit*. Wenn Sie einen Begriff verwenden und sich für seine historische Bedeutungsdimension in einer speziellen Epoche interessieren (etwa die antiken Wurzeln des Begriffs der ‚Demokratie', die mittelalterlichen Auffassungen von ‚Medizin' oder die neuzeitliche Semantik des Begriffs ‚Revolution'), dann werden Sie hier fündig. Alle drei Lexika haben einen hohen wissenschaftlichen Anspruch und bieten darum zuverlässige Informationen auf dem jeweils aktuellen Stand der Forschung. Zum *Neuen Pauly* gibt es natürlich auch einen Vorgänger: *Paulys Realenzyklopädie der classischen Altertumswissenschaft* (Hg. v. Georg Wissowa u.a. Stuttgart 1893–1997), ein imposantes Werk der Gelehrsamkeit, das umfassender konzipiert ist und in vielen Fällen andere Schwerpunkte setzt als der *Neue Pauly*. Zur schnellen Information brauchbar ist auch die knappe Version (Der Kleine Pauly. Lexikon der Antike. Hg. v. Konrat Ziegler, Walther Sontheimer u. Hans Gärtner. München 1964–1975). Zum *Lexikon des Mittelalters* gibt es keine wirkliche deutschsprachige Alternative (wohl aber ein Dictionary of the Middle Ages. 13 Bde. Hg. v. Joseph Reese Strayer. New York 1982–1989). Für die europäische Geschichte zwischen 1450 und 1850 ist die *Enzyklopädie der Neuzeit* ohne Konkurrenz.

▶ Geschichtliche Grundbegriffe. Historisches Lexikon zur politisch-sozialen Sprache in Deutschland, 8 Bde. Hg. von Otto Brunner, Werner Conze u. Reinhard Koselleck. Stuttgart 1972–1997.

Das Lexikon der *Geschichtlichen Grundbegriffe* stellt in 120 Artikeln zentrale soziale und politische Leitbegriffe wie ‚Fortschritt', ‚Geschichte', ‚Ideologie', ‚Krise', ‚Revolution', Staat' oder ‚Utopie' vor und zeichnet in umfangreichen Studien den Wandel ihrer historischen Bedeutungen nach. Der Zeitraum, der dabei im Mittelpunkt steht, ist die ‚Sattelzeit' zwischen 1750 und 1850 als Übergangsepoche zwischen Früher Neuzeit und Moderne. Der fundamentale soziale und politische Wandel, der hier stattfindet, hängt – so lautet die These, die dem ganzen Unternehmen zu Grunde liegt – in vielfältiger Weise auch mit dem Wandel der zentralen gesellschaftlichen Begriffe zusammen. Die *Geschichtlichen Grundbegriffe* sind ein Standardwerk: Wer mit einem der Begriffe hantiert, die dort vorgestellt werden, sollte den entsprechenden Beitrag kennen.

2 Philosophie

▶ Historisches Wörterbuch der Philosophie. Hg. v. Joachim Ritter
u.a. 13 Bde. Basel, Darmstadt 1971–2007.
▶ Enzyklopädie Philosophie und Wissenschaftstheorie. 4 Bde.
Hg. v. Jürgen Mittelstraß u.a. Stuttgart, Weimar 1995.
▶ Lexikon der philosophischen Werke. Hg. v. Franco Volpi u.a.
Stuttgart 1988.

Sie finden im *Historischen Wörterbuch der Philosophie* Einträge zu
über 3600 Begriffen wie ‚Bild‘, ‚Naivität‘, ‚Ursprung‘ oder ‚Zynis-
mus‘ und der Geschichte ihrer Bedeutung und Verwendung seit der
Antike. Sie finden hier überdies auch viele Begriffe aus Fachgebieten,
die an die Philosophie angrenzen (vor allem aus der Theologie,
Psychologie, Pädagogik, Soziologie, Geschichte, Politik, Rechts-
wissenschaft und den Naturwissenschaften). Darum lohnt sich auch
auf Verdacht ein Blick in das Lexikon. Biographische Einträge zu
Philosophinnen und Philosophen sind dagegen nicht aufgenommen
worden. Wenn Sie sich über Leben und Werk einzelner Personen
informieren wollen, verwenden Sie z.B. das *Metzler Philosophen
Lexikon* (Metzler Philosophen Lexikon. Von den Vorsokratikern
bis zu den Neuen Philosophen. Philosophisches Denken in 360
Porträts. Hg. v. Bernd Lutz. Stuttgart, Weimar ³2003). Wenn Sie
nicht nach den Begriffsgeschichten suchen, sondern eher nach
systematischen Definitionen, werfen Sie einen Blick in die *Enzyklopädie Philosophie und Wissenschaftstheorie* (eine Neuauflage ist
gerade in Arbeit). Nützlich ist auch die frei im Internet verfügbare
Stanford Encyclopedia of philosophy. Wenn Sie sich einen schnellen
Überblick über den Inhalt eines philosophischen Textes verschaffen wollen, können Sie im genannten *Lexikon der philosophischen
Werke* nachschlagen.

3 Theater- & Medienwissenschaft

▶ Metzler Lexikon Theatertheorie. Hg. v. Erika Fischer-Lichte,
Doris Kolesch u. Matthias Warstat. Stuttgart, Weimar ²2014.
▶ Deutsches Theater-Lexikon. Biographisches und bibliographisches
Handbuch. 7 Bde. Begr. v. Wilhelm Kosch, fortgef. v. Ingrid
Bigler-Marschall. Bern u.a. 1953–2011.
▶ Alexander Roesler u. Bernd Stiegler: Grundbegriffe der Medien-
theorie. Paderborn 2005.

Theaterwissenschaft ist eine Wissenschaft zwischen Theorie und Praxis. Für theoretische Schlüsselbegriffe wie ‚Dialog‘, ‚Handlung‘oder ‚Performanz‘ ist das *Lexikon Theatertheorie* gegenwärtig konkurrenzlos, für die Theaterpraxis können Sie das *Deutsche Theater-Lexikon* von WILHELM KOSCH zu Rate ziehen (Personen, Sachen, Werke, Städte) oder alternativ in die kürzeren Theaterlexika von MANFRED BRAUNECK oder C. BERND SUCHER schauen (Theaterlexikon. Begriffe und Epochen, Bühnen und Ensembles. Hg. v. Manfred Brauneck u. Gérard Schneilin. Reinbek bei Hamburg ⁵2007; Henschel Theaterlexikon. Hg. v. C. Bernd Sucher. Leipzig 2010). Wenn Sie sich für die Geschichte des Theaters interessieren, schauen Sie in den entsprechenden Band aus der Theatergeschichte von MANFRED BRAUNECK (Die Welt als Bühne. Geschichte des europäischen Theaters. 6 Bde. Stuttgart 1993–2007), eine gute neuere Einführung in die Theaterwissenschaft ist CHRISTOPHER BALME: *Einführung in die Theaterwissenschaft.* Berlin 2014. – Wenn es um einen Begriff aus dem Bereich der Medientheorie geht (‚Aufschreibesysteme‘, ‚Materialität der Kommunikation‘, ‚Mündlichkeit/Schriftlichkeit‘ etc.), können Sie das genannte Kompendium von ROESLER und STIEGLER benutzen oder das Metzler Lexikon Medientheorie – Medienwissenschaft. Ansätze – Personen – Grundbegriffe. Hrsg. von Helmut Schanze. Stuttgart, Weimar 2002.

4 Theologie

▶ Religion in Geschichte und Gegenwart. Handwörterbuch für Theologie und Religionswissenschaft. 8 Bde. 4. Aufl. Hg. v. Hans Dieter Betz u.a. Tübingen 1998–2007. [RGG⁴]
▶ Lexikon für Theologie und Kirche. 11 Bde. 3. Aufl. Hg. v. Walter Kasper u.a. Freiburg 1993–2001. [LThK³]
▶ Theologische Realenzyklopädie. 36 Bde. Hg. v. Gerhard Krause u.a. Berlin, New York 1977–2007. [TRE]

Wenn Sie sich für die religiöse Bedeutungsdimension eines Begriffs interessieren (etwa ‚Paradies’), sollten Sie immer einen Blick in die theologischen Fachlexika werfen. Denken Sie dabei daran, dass es konfessionelle Unterschiede gibt, so dass die Informationen je verschieden ausführlich ausfallen werden: *Religion in Geschichte und Gegenwart* ist das protestantische, das *Lexikon für Theologie und Kirche* ist das katholische Nachschlagewerk. Die *Theologische Realenzyklopädie* ist eine ökumenische Alternative. – Bei vielen Begriffen, die nicht spezifisch christlich sind, lohnt sich auch ein Blick in das *Handbuch religionswissenschaftlicher Grundbegriffe* (5 Bde. Hg. v. Hubert Cancik u.a. Stuttgart u.a. 1988–2001); bei allen Fragen, die mit dem Judentum zusammenhängen, hilft die *Encyclopaedia Judaica* weiter (22 Bde. 2. Aufl. Hg. v. Fred Skolnik u.a. Detroit u.a. 2007).

5 Kunstgeschichte

▶ Reallexikon zur deutschen Kunstgeschichte: RDK. Hg. v. Zentralinstitut für Kunstgeschichte München. Begr. v. Otto Schmidt. 10 Bde. München 1937–2003.
▶ Lexikon der Kunst. Architektur, bildende Kunst, angewandte Kunst, Industrieformgestaltung, Kunsttheorie. 7 Bde. Hg. v. Harald Olbrich u.a., Leipzig ²2004.
▶ Allgemeines Künstlerlexikon. Die bildenden Künstler aller Zeiten und Völker. Begr. u. mithg. v. Günter Meißner München u.a. 1992ff. [bisher 105 Bde.]

Wenn Sie sich über Begriffe aus der Kunstgeschichte informieren wollen, ist das gründlichste Nachschlagewerk das *Reallexikon zur Deutschen Kunstgeschichte*, das seit 1937 in einzelnen Lieferungen erscheint und ,Realien' (ikonographische Traditionen, künstlerische Techniken, kunsttheoretische Begriffe, etc. aber keine Personen oder Orte) aus Architektur, bildenden Künsten und Kunstgewerbe verzeichnet. Es ist bisher allerdings nur bis zum Buchstaben F wie ,Fotografie' gekommen. Vollständig, aber nicht so ausführlich ist das *Lexikon der Kunst*, das noch zu Zeiten der DDR begonnen wurde. Hier finden Sie auch biographische Einträge zu Künstlerinnen und Künstlern. Zwei gute Kompendien in je einem Band sind das *Metzler Lexikon Kunstwissenschaft* und das *Wörterbuch der Kunst* von WOLFGANG HAUBENREISSER (Metzler Lexikon Kunstwissenschaft und Ideen, Methoden, Begriffe. Hg. v. Ulrich Pfisterer. Stuttgart 2003; Wörterbuch der Kunst. Begr. v. Johannes Jahn, fortgef. v. Wolfgang Haubenreißer. Stuttgart ¹³2008). – Wenn Sie sich über einen unbekannteren Künstler oder eine Künstlerin informieren wollen, sollten Sie in das monumentale *Allgemeine Künstlerlexikon* schauen. Ein hervorragendes Lexikon antiker Abbildungen von Gestalten aus der Mythologie ist das Lexicon iconographicum mythologiae classicae (LIMC). 8 Bde. Zürich, München 1981–1999.

6   Musikwissenschaft

▸ Die Musik in Geschichte und Gegenwart. Allgemeine Enzyklopädie der Musik. 2. Aufl. 27 Bde. [Sachteil in 8 Bdn., Personen-
teil in 12 Bdn.] Hg. von Ludwig Finscher. Kassel 1994–2007.
[MGG]
▸ The New Grove Dictionary of Music and Musicians.
20 Bde. Hg. von Stanley Sadie. London 1980.

Für Begriffe aus der Musikgeschichte gibt es zwei große Nachschlagewerke: *Musik in Geschichte und Gegenwart* und das englischsprachige Pendant, den *New Grove*. In beiden finden Sie ausführliche Artikel zu wichtigen Epochenbegriffen, zu Gattungen,
Orten oder Institutionen. Auch die Wechselbeziehungen der Musik
mit anderen Künsten werden ausführlich vorgestellt („Musik und …").
Die Einträge verweisen jeweils auf weiterführende Literatur. Die
MGG gibt es auch in einer älteren ersten Auflage, die zum Teil
Begriffe und Sachen behandelt, die in der zweiten Auflage nicht
aufgenommen worden sind (17 Bde. Hg. v. Friedrich Blume. Kassel
1951–1986).

▸ Jacob Grimm u. Wilhelm Grimm: Deutsches Wörterbuch.
Bd. 1–16 (in 32 Bden). Leipzig 1854–1954.
[auch frei im Internet]
▸ Johann Christoph Adelung: Versuch eines vollständigen gram-
matisch-kritischen Wörterbuches Der Hochdeutschen Mundart,
mit beständiger Vergleichung der übrigen Mundarten besonders
aber der oberdeutschen. 5 Theile. Leipzig 1774–1786.
[auch frei im Internet]
▸ Joachim Heinrich Campe (Hg.): Wörterbuch der Deutschen
Sprache, 5 Theile. Braunschweig 1807–1811.
▸ Johann Heinrich Zedler: Großes vollständiges Universal-
Lexicon. Leipzig 1732–1754. 64 Bde. (ab Bd. 37
Nachdruck: Halle u. Leipzig 1961–1964).
[auch frei im Internet als durchsuchbares Faksimile]
▸ Johann Samuel Ersch u. Johann Gottfried Gruber:
Allgemeine Enzyklopädie der Wissenschaften und Künste.
Leipzig 1818–1889.
[auch frei im Internet]

Es kommt vor, dass Sie in einem älteren Text einem Wort begegnen, dessen Sinn Sie nicht verstehen, etwa dem Begriff ‚Blödigkeit' im Titel eines Gedichts von FRIEDRICH HÖLDERLIN. Der Begriff dürfte Sie zunächst verwirren, weil das Gedicht überhaupt nichts mit ‚Dummheit' zu tun hat. Schauen Sie in solchen Fällen in einer kommentierten Ausgabe nach, ob Sie im Kommentarteil eine Erklärung finden (Näheres zu solchen Ausgaben im Kapitel 2: Lesen). Im Fall von HÖLDERLINS Gedicht werden Sie dort lesen können, dass ‚Blödigkeit' im 18. und 19. Jahrhundert so viel wie ‚Ängstlichkeit' oder ‚Verzagtheit' bedeutet. Wenn es keine kommentierte Ausgabe gibt oder Sie dort nicht fündig werden, können Sie auch historische Wörterbücher zu Rate ziehen. Davon gibt es viele. Das umfassendste ist das große *Deutsche Wörterbuch* von JACOB und WILHELM GRIMM. Es umfasst den Wortschatz der deutschen Sprache seit dem 16. Jahrhundert, die Geschichte der aufgenommenen Vokabeln wird aber so weit wie möglich zurückverfolgt (bis ins Althochdeutsche). Eine große Zahl von historischen Belegen illustriert die Verwendungsweise der Wörter. Eine Alternative insbesondere für das 18. Jahrhundert sind die beiden Wörterbücher von ADELUNG und CAMPE. Wenn Sie sich unter einer Sache nichts vorstellen können, gibt es auch die Möglichkeit, in einer historischen Enzyklopädie nachzuschlagen. Für das 17. und 18. Jahrhundert ist *Zedlers Universal-Lexicon* eine hervorragende Auskunftsquelle, für das 19. Jahrhundert insbesondere die *Allgemeine Enzyklopädie der Wissenschaften und Künste*, ab 1900 historische Ausgaben des *Brockhaus* oder von *Meyers Lexikon* (viele davon finden Sie frei im Internet). Unverständlich sind oft auch alte Redewendungen und Sprichwörter, dazu schauen Sie in das *Deutsche Sprichwörter-Lexikon* aus dem Jahr 1867 oder in das aktuelle *Lexikon der sprichwörtlichen Redensarten* (Deutsches Sprichwörter-Lexikon. Ein Hausschatz für das deutsche Volk. 5 Bde. Hg. v. Karl Friedrich Wilhelm Wander. Leipzig 1867–1880, Nachdruck Darmstadt 1964; Lexikon der sprichwörtlichen Redensarten. 5 Bde. Hg. v. Lutz Röhrich. Darmstadt [7]2004).

Wenn hier noch Fragen offen geblieben sind und Sie ein Nachschlagewerk suchen, das in dieser Auswahlbibliographie nicht
aufgenommen ist, können Sie weitere, umfassendere Zusammenstellungen zu Rate ziehen. Und es gibt bei Fragen zu den Arbeitstechniken des germanistischen Studiums natürlich auch noch
andere Einführungen:

▶ Hansjürgen Blinn: Informationshandbuch Deutsche Literaturwis-
senschaft. Frankfurt/Main [4]2005.
▶ Walter Delabar: Literaturwissenschaftliche Arbeitstechniken.
Eine Einführung. Darmstadt 2009.
▶ Klaus Gantert: Elektronische Informationsressourcen für Ger-
manisten. Berlin 2010.
▶ Klaus Gantert: Erfolgreich recherchieren – Germanistik. Berlin
2012.
▶ Benedikt Jeßing: Arbeitstechniken des literaturwissenschaftlichen
Studiums. Stuttgart 2001.
▶ Benedikt Jeßing: Bibliographieren für Literaturwissenschaftler.
Stuttgart [2]2017.
▶ Burkhard Moennighoff u. Eckhardt Meyer-Krentler: Arbeitstech-
niken Literaturwissenschaft. München [17]2015.
▶ Stefan Scherer u. Simone Finkele: Germanistik studieren: Eine pra-
xisorientierte Einführung. Darmstadt 2011.

Auch im Internet finden Sie natürlich eine überwältigende Menge
nützlicher Informationen. Auf der Homepage Ihrer Universitätsbibliothek gibt es ein Verzeichnis von entsprechenden Fachdatenbanken und elektronischen Zeitschriften. In Kapitel 4 (Schreiben
von Hausarbeiten) finden Sie außerdem eine Reihe von Hinweisen
auf brauchbare Suchstrategien. Für alle anderen Recherchen nach
soliden fachspezifischen Informationen und Materialien gibt es
vor allem drei gute Portale als Ausgangspunkte: *Germanistik im
Netz* für die gesamte Sprach- und Literaturwissenschaft, das Portal
Mediaevum für die Mediävistik und den Linguistik-Server *Linse*
in Essen:
▶ www.Germanistik-im-Netz.de
▶ www.mediaevum.de
▶ www.linse.uni-due.de

Register

Register

Stark in Studium und Beruf

- UNI-WISSEN Kernkompetenzen ist die erste und einzige Reihe, die Studierende auf Schlüsselqualifikationen vorbereitet
- Fundiert – praxisrelevant – komplett: Alles, was man können muss!
- Passgenau zu den neuen Bachelor-/Master-Studiengängen

Schreibkompetenzen:
Erfolgreich wissenschaftlich schreiben
ISBN 978-3-12-940011-1 | 14,99 €

Interkulturelle Kompetenzen:
Erfolgreich kommunizieren
zwischen den Kulturen
ISBN 978-3-12-940012-8 | 14,99 €

Didaktische Kompetenzen:
Lehr- und Lernprozesse erfolgreich gestalten
ISBN 978-3-12-940000-5 | 14,95 €

Kommunikationskompetenzen:
Erfolgreich kommunizieren
in Studium und Berufsleben
ISBN 978-3-12-940002-9 | 14,95 €